Extracurricular Reading Enjoyment Quality Improvement

快乐悦读文化知识

最新鲜的百科知识　　前所未有的想象力激发方式　　息

段姝 编著

经典图书 珍藏版

中国出版集团
现代出版社

图书在版编目（CIP）数据

文化知识 / 段姝编著 . — 北京：现代出版社，
2012.12（2024.1）
（快乐悦读）
ISBN 978 – 7 – 5143 – 0785 – 6

Ⅰ . ①文… Ⅱ . ①段… Ⅲ . ①文化 – 青年读物②文化
– 少年读物 Ⅳ . ① G – 49

中国版本图书馆 CIP 数据核字（2012）第 285540 号

快乐悦读——文化知识

编　著	段　姝
责任编辑	张红红
出版发行	现代出版社
地　址	北京市安定门外安华里 504 号
邮政编码	100011
电　话	010 – 64267325　010 – 64245264（兼传真）
网　址	www. 1980xd. com
电子信箱	xiandai@ vip. sina. com
印　刷	三河市人民印务有限公司
开　本	710mm × 1000mm　1/16
印　张	14. 5
版　次	2012 年 12 月第 1 版　2024 年 1 月第 9 次印刷
书　号	ISBN 978 – 7 – 5143 – 0785 – 6
定　价	59. 80 元

前言 PREFACE

快乐悦读——文化知识

在漫长的历史长河中，世界上的各个民族、各个地区或各个国家，都创造出了风格独具、光辉灿烂的文化。而且各种文化相互交流、彼此融合、竞相发展，使得世界文化这个百花园更加绚丽多彩。时至今日，无论走到世界的哪一个角落，我们都会时时处处感受到文化的力量和魅力。

文化艺术之于人类，应该是共生的，而人类的艺术天性也是自学的。艺术是神秘的、深邃的，同时也是敞开的、大众的。搜寻大师身影，沉醉艺术魅惑。行走在艺术长廊中，感受着艺术带给我们的美感和力量，心灵会得到净化，尘俗会得到过滤。艺术家，艺术品，艺术流派，蔚成一道人文风景，吸引着无数欣赏者的目光。

文化艺术是人类文明的标志，承载着人类改造自然和认识自我的印记。文学记录人类的心灵、音乐改造人类的灵魂、美术延伸人类的肢体、雕刻保留人类的痕迹……

本书浓缩了世界文化艺术的几大领域，以丰富的知识和史料，对世界文化艺术做了详细的介绍，图文并茂，知识性强、耐人寻味，可以进一步地满足青少年的求知欲望。

CONTENTS 目录

快乐悦读——文化知识

KUALE YUEDU WENHUA ZHISHI

音乐殿堂

书法艺术

文学园地

电影博览

快乐悦读——文化知识

雕塑世界

KUAILE YUEDU WENHUA ZHISHI

古埃及雕塑内在神秘，期冀“永恒”；而古希腊雕塑的审美理想是追求“真实之美”；罗马人在肖像和纪念碑雕塑上，以宏伟取代了典雅；黑暗的中世纪，为上帝歌颂光荣的哥特式艺术却取得了辉煌的成就；文艺复兴时期涌现出许多雕塑杰作，技巧完美、气魄宏伟、思想深刻；巴洛克风格的雕塑更加世俗化；洛可可艺术纤细柔弱；新古典主义艺术以绝对美的理论风行一时；而浪漫主义以强烈的想象回答了冷酷的理性；现实主义运动诞生，罗丹在现实中寻找灵感，叩响了现代雕塑的大门……

每一件雕塑佳作的背后，都有着一个动人的故事。本章就带领着你您一起穿越苍茫的时空，与历史的使者会晤！

商周雕塑

商周的雕塑是实用与观赏相结合的产物，没有真正独立。商周是我国青铜器高度发展的时期。因此雕塑主要用于青铜器的装饰之上，多为动物形，主要有《虎食人卣》、《象尊》、《犀尊》、《鄂尊》等，造型庄重，纹饰繁密，神秘而威慑力强，有力地体现了商代狞厉的艺术风格。

知识小链接

青铜器

青铜器是由青铜（红铜和锡的合金）制成的各种器具，诞生于人类文明的青铜时代。由于青铜器在世界各地均有出现，所以也是一种世界性文明的象征。

西周青铜器的装饰雕塑，写实简朴、平易清新，反映了当时社会的理性萌芽。四川广汉三星堆出土的大型青铜人像是商周时期所罕见的独立雕塑。河南安阳殷墟妇好墓出土的大批玉雕充分显示了我国西周玉雕的成就。

春秋雕塑

我国雕塑真正独立是在春秋战国时期。原始社会和商周时期工艺美术的发展为春秋时雕塑的独立创造了良好的条件，使雕塑逐渐从实用美术中脱离出来。

目前我国最早的陶俑是春秋战国时代的山东临淄郎家庄 1 号墓出土的男女奴婢俑，当时正处于以俑代替活人殉葬的过渡时期，因此中国的俑从这一时期开始发展起来。

秦代雕塑

秦代是我国历史上第一个统一的多民族国家。秦代文化宣扬皇威，气势磅礴，尚武务实，写实严肃，充满现实主义精神，这能从秦代的雕塑中充分体现出来。秦始皇兵马俑气势浩大，体现了大秦帝国尚武务实的精神，并且其雄伟的气魄在中国雕塑史上异军独起，创造了闻名世界的一大奇迹。

霍去病墓前石雕

汉代雕塑

汉代社会盛行“行孝”，导致厚葬之风兴起，美术大量用于墓葬，墓内装饰画像石、画像砖，雕塑用于墓前石雕和墓内陶俑，因此陵墓雕塑极为发达，并大大促进了汉代雕塑的进一步发展。

基本小知识

霍去病

霍去病（前 140—前 117），汉族，河东郡平阳县（今山西临汾西南）人。中国西汉武帝时期的杰出军事家，是名将卫青的外甥，任大司马骠骑将军。好骑射，善于长途奔袭。

汉代的陵墓雕主要有三类：陵前石雕、墓内陶俑和画像石、画像砖。陵前石雕最具代表性的是陕西兴平茂陵霍去病墓前的大石雕，简朴深厚，气势磅礴，是中国古代纪念性雕刻的典范。汉俑名类繁多、写实传神，如实地反映了当时社会的各个方面；画像石和画像砖都属浮雕，是汉代雕塑的一个重要组成部分，并且在汉代发展到鼎盛。汉代雕塑除陵墓雕塑外还有工艺美术方面的装饰雕塑，主要为青铜器和玉器上的装饰雕塑。总之，汉代雕塑以朴实生动、气势辉煌为其最大特色，表现出强烈的阳刚之美，充满生命力，体现了汉代积极进取的时代特征。

魏晋南北朝雕塑

敦煌石窟

三国两晋南北朝时期是中国社会由大统一走入大分裂的时期，社会动荡，战祸频繁，阶段矛盾极为尖锐，政权分立，更替极快，但这时文化却还在向前极大发展。佛教盛行，并且出现石窟艺术，四大石窟（云冈、龙门、麦积山、敦煌）相继建成，推动了中国雕塑的发展，取得了伟大的成就。中国的佛教雕塑完美成熟，装饰性很强，艺术水平极高，是中国乃至世界雕塑史上的精华。这一时期的雕塑主要有两类：一是大型石窟造像，二是家中供奉的小型佛像。

石窟寺这种佛寺形式是随佛教一起从印度传来的，后来逐渐中国化，具有中国特色，成为中国石窟。窟内的雕塑及艺术作品也是早期受外来影响，南北朝时形成自己的风格，南北朝后期成熟，并对以后的隋唐有极大影响。

小型的佛像主要供奉于家中，当时由于佛教的普及也随之非常普及，大多为模制，一般为一尺左右，小的只有几寸，材料多为铜铸、石刻，也有木雕、泥塑。南北朝后期形成自己的风

广角镜

石　刻

石刻艺术是造型艺术中的一个重要门类在中国有着悠久的历史，石刻属于雕塑艺术，是运用雕刻的技法在石质材料上创造出具有实在体积的各类艺术品。中国古代石刻种类繁多。古代艺术家和匠师们广泛地运用圆雕、浮雕、透雕减地平雕、线刻等各种技法创造出众多风格各异、生动多姿的石刻艺术品。

格。南朝的家供佛像很纤巧，现存的已经很少，北朝的风格朴实，现存较多。北朝小型佛像与石窟造像风格大致相同。

隋唐五代雕塑

隋唐五代是中国封建社会高度发展的时期，之后便开始由盛转衰。

隋代的雕塑为唐代雕塑的发展提供了可靠的依据，为唐代雕塑发展做了极大准备。五代的雕塑是唐代的延续和继承。

唐代的雕塑是中国雕塑史上的最高峰，仍分为佛教雕塑和陵墓雕塑两大类。

唐代佛教雕塑，仍以石窟造像为主，此外还保存下来少数平原佛寺彩塑和小型佛像。唐代造像以奉先寺造像为代表，雄伟壮观，丰满圆润，有力地体现了大唐风格的特征。又以敦煌彩塑为主体和精华，数量之多，内容相当丰富，艺术水平达到很高的程度，是历代造像所无法比拟的。唐代的造像已经成为独立的圆雕，多为群像，中间坐佛，两旁弟子菩萨、天王、力士遥相呼应。造像与真人几乎同大，令人感到自己亲自与佛交流，亲切近人。

唐三彩

唐代的陵墓雕塑仍分为陵前雕像和墓内小陶俑两类。陵前的

拓展阅读

唐三彩

唐三彩是一种盛行于唐代的陶器，以黄、褐、绿为基本釉色，后来人们习惯地把这类陶器称为“唐三彩”。唐三彩的诞生已有1300多年的历史了，它吸取了中国国画、雕塑等工艺美术的特点，采用堆贴、刻画等形式的装饰图案，线条粗犷有力。

大雕像主要分布于陕西关中地区的唐朝各代皇帝的陵墓附近。在陵前的神道两侧有高大的石人、石马相对呼应，气势宏伟，其中最有影响的有献陵石雕、昭陵石雕、乾陵石雕、顺陵石雕等。

唐代的陶俑和唐代所特有的“唐三彩”，以人物、马、骆驼等为主，继承了传统，造型写实、生动传神，生活气息很浓，全面反映了唐代社会生活。唐俑的色彩是传统的彩绘。三彩是低温铅釉陶瓷，色彩自然垂流，互相渗化，丰富多彩，富丽堂皇，体现了大唐盛世的繁华风貌。

唐代雕塑融合中外、综合南北特点，达到了成熟的顶峰，为后世雕塑艺术树立了光辉典范。

宋代雕塑

五代开始，中国经济重心向南转移，艺术发展的重心也开始南移，其中著名的石窟造像有：宋代四川大足石窟造像和杭州飞来峰石窟造像，也是宋代石窟造像的代表。

宋代雕塑的特点是写实成熟、细致严谨，充满世俗气息，并且对人物内心刻画细致入微，富有个性，受文人艺术的影响。风格文雅大方，但气势不足，这也充分反映了当时的社会状况。山西太原晋祠圣母殿中的侍女塑像是宋代雕塑的典型代表，充分体现了中国女性的阴柔之美。宋代的小型佛像以木雕观音为代表，丰腴秀丽，和蔼慈祥。

在当时与宋代并存的是辽和金，他们继承和学习了唐和宋的雕塑特点，但仍不失自己的民族特色，尤其是辽代的彩塑，民族特色极浓。辽和金佛教雕塑方面的成就也达到了极高水平。

元代雕塑

到了元代，雕塑发展的趋势更加衰退。元代的雕塑艺术明显受到印度、尼泊尔、西藏艺术的影响，造型奇特。在宗教雕塑方面主要是喇嘛教的雕像，现存的一些鎏金铜佛像，细腰高髻，与传统汉式佛像迥然异趣。元代雕塑中的精品要数居庸关大浮雕四天王，威武雄壮，气势庞大，体现了蒙古帝国雄大富强的时代风貌。

明代雕塑

明代雕塑总的趋势是在前代基础上继续衰落。石窟造像已达到尾声阶段，水平也很一般。明代的陵墓雕塑也在衰落，但石雕较多，其中充分显示当时水平的有南京明孝陵石雕，是中国石雕艺术的最后杰作。

明代雕塑观音堂

建筑装饰的琉璃浮雕在明代有所发展，最有名的是九龙壁，釉色华丽，气势雄伟。

总之，明代雕塑为中国的雕塑作了最后的总结，具有完整大方、庄重典雅、华丽精致的特征。

清代雕塑

清代雕塑在明代雕塑基础上进一步衰落，精品极少。从明代工艺雕塑开始兴起，但真正繁荣于清代的工艺雕塑，主要用于观赏、摆设，在民间及宫廷都有很多，并且材料使用广泛：宫廷内的工艺雕塑都使用昂贵的金银、象牙及玉为原料，雕刻极为繁缛精细、豪华富贵。民间雕刻工艺一般就地取材，如使用竹、木、石、泥等材料，朴实大方，充满了民间的乡土气息。

将军俑

秦始皇陵兵马俑坑位于陕西省临潼县秦始皇陵东侧 1.5 千米。1974 年 3 月的一次偶然机会被发现，文物部门经过有组织、有计划的发掘，截止 1983 年，已发现有如真人大小的陶俑，与真马大小相似的陶马 7000 余件，战车百余乘。陶俑的高度一般为 1.8 米，最高的达 2 米，形体魁梧健壮。根据陶俑不同的身份动态又可分为将军俑、铠甲俑、立射俑、骑兵俑、跪射俑等。它的发现不仅填补了秦代美术的空白，对了解秦代军事、政治也提供了最形象的史料。这一具有世界意义的考古新发现，为古老的中国艺术频添异彩。秦俑雕塑手法写实，每个陶俑神态各异；甚至从陶俑面部的刻画上，看得出有巴蜀人，或者是陇东人、关中人。陶俑陶马等都进行了彩绘，因年代久远，绝大多数都已剥落。这尊将军俑的形象塑造气宇不凡，从手势和表情可以看出不但将军久经沙场，而且雍容大度；表现出刚毅勇敢的秦代军人气质。秦俑形象处理上，通过绝大多数秦俑的胡须刻画，烘托出人物的个性特征；结合眼神的艺术处理，表现出秦军男子的勇猛和粗犷的性格。在艺术手法上，将圆雕、浮雕、线刻、堆捏等手法融为一体。秦俑的艺术处理可以说体现出古代雕塑手法的娴熟，表现出强烈的民族风格。

你知道吗

秦始皇首称为帝

春秋战国时期，各国诸侯都被称为“君”或“王”。秦始皇统一全国后以为过去的这些称号都不足以显示自己的尊崇，他自认为是“德兼三皇，功过五帝”，将“皇”、“帝”两个人间最高的称呼结合起来，为自己的帝号，从此天子称为皇帝。

云冈石窟大佛

云冈石窟创建于北魏文成帝拓跋睿和平年间（460～465年）。早在公元1世纪左右，印度佛教传入中国。为了争取更多的教徒，便于佛教徒参禅打坐，举行宗教仪式，从公元3世纪起，封建统治者花费大量人力财力，陆续在山岩旁依山开凿不少石窟，修建豪华的寺院、宝塔。尤其是石窟艺术在全国分布较广，而云冈石窟就是中国最著名的三大佛教石窟之一。云冈石窟是由一位叫昙曜的和尚主持开凿的，由他首先开凿石窟五所，世称“昙曜五窟”。以后又陆续兴建开凿，直到魏孝文帝元宏迁都洛阳之前基本完成，前后花费近40年时间。这座云冈石窟大佛即是“昙曜五窟”之一的三世佛的大坐佛。大佛高约14米，气势宏伟，慈颜微笑注视着观众。从这尊大佛的形象处理可以看得出早期佛教造像受印度佛教造像的一些影响，佛的形象带有南亚人的特点。这种情况，到唐代的石佛造像就消逝了。由于年代久远，石佛手已残损，但是释迦佛作“法界定印”的手势还依稀可辨。原保护大佛的窟顶崩塌。这尊雕像可以说是北魏石窟艺术的代表作品。

云冈石窟大佛

古希腊雕塑

古希腊是公元前12～前2世纪希腊半岛和散布在地中海中的一些岛屿上的奴隶制城邦国家的总称。大大小小200多个城邦国家，它们之间有频繁的文化、贸易交往，也有频繁的战争，但当外族侵略时，它们会联合抵抗。雅典和斯巴达是其中两个最有影响的国家。

自由与民主赋予古希腊人类的睿智和对真善美的追求，自由与民主使得古希腊人充分地享受生命，塑造生命。英雄、神，即是完美的人，古希腊人把宇宙间的真善美直接表现在人本身上，特别是对人体美的讴歌，成为他们的美之艺术永恒的主题。

经过漫长的历史，古希腊人辉煌的艺术文化尚留给我们一些建筑雕塑作品和壁画。在这些少量的作品中，仅论其中精美绝伦的人体表现，直到今天它也是难以逾越的高峰。

通过对古希腊建筑、雕塑、壁画和工艺美术品的研究可以发现，他们所遵循的艺术法则是：质朴，合理，端庄，谐调。而这一法则在公元前 5 世纪的艺术创作中达到了完美的顶峰。美术史家一般将古希腊的艺术分为四个阶段：荷马时代、古风时代、古典时代、泛希腊时代。我们从雕塑的角度对每个时代的风格加以简介。

◎荷马时代（公元前 12 ~ 前 8 世纪）

所谓的荷马时代是指古希腊诗人荷马的史诗《伊利亚特》、《奥德赛》所记载的时期。由于时间原因，这个时期遗留下来的雕塑作品很少，现在能见到的是一些供祭祀和随葬用的赤陶和青铜小塑像，它们的特色与同时代的陶瓶画一致，表现为几何风格。它们出自民间匠师之手，质朴古拙，亲切生动。

◎古风时代（公元前 7 ~ 前 6 世纪）

这个时期城邦国家形成，并通过水陆同两河流域、埃及发生了广泛联系，所以在越早期的作品中，两个地区的影响表现越重，这个时期所有雕像有一共同特点，就是面部都浮现一种很独特的微笑：面部平静，而嘴角向上翘起，美术家们将之称为“古风微笑”。

◎古典时期（公元前 5 ~ 前 4 世纪）

这是古希腊艺术的全盛时期，也是雕塑创作的顶峰。此时出现了米隆、菲狄亚斯这样的巨匠。

知识小链接

米隆

米隆（约公元前480～前440），希腊雕刻家。生于伊柳塞拉，长期在雅典活动，是希腊古典时期名家之一。他擅长作青铜像，作品突破了古风时期雕刻的拘谨形式，把希腊雕刻艺术推向新的高峰。他善于把握人体的准确结构及其在运动中的变化关系，并达到精神和肉体的平衡和谐。被认为是希腊艺术黄金时期——古典时期的开创者。

著名的人体雕像《掷铁饼者》是米隆的作品，原作为青铜，已失传，现存品为古罗马时的仿制品。米隆精熟人体结构，善于表现人体运功的瞬间，但人物面部表情仍是古板状态。

为雅典卫城、巴底农神庙而制的雅典娜黄金象牙像是菲底亚斯的作品，原作已佚，现存的是大理石仿制品。雅典娜是古希腊神话中的智慧女神。雅典的保护神。这座雕像表现她头戴战盔，身披甲胄，右手托自由女神尼开小像，左手扶盾牌，盾牌上刻着希腊人与阿马戎人的战斗。据说在希腊人的行列中有菲底亚斯本人的形象。

◎泛希腊时代（公元前3～前2世纪）

这个时代在雕塑发展史上占有重要地位，是一个上承古希腊风格而开创古罗马雕塑历史的时代。所发现的这个时期的作品风格多样，品类繁多。

《萨莫色雷斯的胜利女神》是由发现于萨莫色雷斯岛的一堆废墟碎片经精心修复而成的，据推测是公元前190年罗得斯岛人为战胜叙利亚的舰队而建的纪念碑，因为它尚有一船形基座。虽然此像失去了胜利女神的头颅，但她迎风展翅的豪迈姿态依然无比动人。

《拉奥孔》

《拉奥孔》是发现于罗德岛的石雕作品，

据推测作于公元前1世纪。它表现了祭司拉奥孔由于道破天机而受到神的惩罚。他和他的两个儿子被巨蛇活活缠死的情景。

肖像作品在这时期也得到发展，著名作品有《狄摩西尼斯肖像》、《阿塔罗斯一世》、《斐落斯国王》等，均具有鲜明的个性，这为古罗马肖像雕刻的繁荣打下了基础。

古罗马雕塑

古罗马的雕塑同古希腊是一脉相承的，而最有特色的作品是人物肖像雕塑。

《演说者渥大维》，据称是凯撒大帝的继承者奥古斯都大帝尚未称帝前的雕像。这是一件等身大理石裸体雕像，右手弯举至额，作沉思状，左臂上搭着斗蓬，左手反拿着代表雄辩之神墨丘里的权杖，现已遗失。人物形体健美，比例谐调。很明显，在人们形象的表现方面古希腊遗风很浓。

《戎装的奥古斯都》是一座高204厘米的大理石雕像，约作于公元前19～前13年之间，这是一系列奥古斯都雕像中最具代表性的一个。在这个雕像中，奥古斯都被刻画为一个左手拿权杖，右手高高抬起指向前方的雄伟的帝王形象。他身上穿着极合体的铠甲，铠甲上还刻有带情节性的装饰花纹。在他向前迈进的右腿旁，有一尊可爱的小爱神形象，这试图要说明奥古斯都大帝不仅是位英明的统帅，还是一位仁爱之君。

拓展思考

凯撒大帝

恺撒大帝是罗马共和国末期杰出的军事统帅、政治家。他公元前60年与庞培、克拉苏秘密结成前三巨头同盟，随后出任高卢总督，花了八年时间征服了高卢全境（大约是现在的法国），还袭击了日耳曼和不列颠。前49年，他率军占领罗马，打败庞培，集大权于一身，实行独裁统治并制定了《儒略历》。

《阿格利帕头像》，阿格利帕是奥古斯都的女婿，也是他政治上的坚定支持者，他为罗马城的建立付出了极大努力。这尊大理石头像集中表现了他刚毅、果断、不屈的性格。面部肌肉的表现含蓄有力。

《妇女肖像》是作于公元90年左右的一尊优美的大理石雕像，全像高63厘米，它表现了一位娴静、高贵的妇女形象：挺直的鼻子，丰厚的嘴唇，光滑而有起伏变化的脸庞在光线下显示出节奏的美感，尤其是那奇特的高卷发的表现，真是精美绝伦，像一簇盛开的精雕过的花张扬在妇人娇美的额前，没有雕刻眼珠的双眼无目的地张开着，更给人以捉摸揣度的余地。

古罗马时期还有大量的优秀浮雕作品，最著名的是《和平祭坛》。《和平祭坛》又称《奥古斯都和平祭坛》，它于公元前13年动工，公元9年9月落成。这是一座由大理石雕刻而成的有四面墙垣的方形框架，高4米，长11米，宽10米，东西两面墙上有门洞。沿门洞的台阶向上是祭台。浮雕分布于墙垣四周，分上下两层，上层是记事性的人物群像，下层是精美的植物图案。整个浮雕风格与古希腊雕刻的古典时代风格极为接近。

《和平祭坛》

中世纪雕塑

“中世纪”是指公元4世纪～公元14世纪这一时间。在美术史中世纪界定的一千年的时间里，西方艺术围绕着基督教精神的物质体现——教堂而演变发展着，先后出现了拜占廷式、罗马式、哥特式风格的教堂建筑。雕塑在基督教世界从一开始就作为教堂的装饰和对圣经教义的解释而依附、服务于教堂建筑，并随着教堂建筑风格的变化而演化着。下面就沿着拜占廷式、罗马式、哥特式的线索对中世纪的雕塑风貌作一描述。

◎拜占廷式雕塑

东罗马帝国在最强盛时疆域包括整个巴尔干半岛、小亚细亚、爱琴海中岛屿、克里特、塞浦路斯、叙利亚、巴勒斯坦、埃及、昔兰尼加和黑海、北海。首都君士坦丁堡原是古代希腊的著名城市拜占廷，故它又称为拜占廷帝国。

趣味点击　受膏者基督

基督，意思即是“受膏者”（古代的以色列王即位时必须将油倒在国王的头上，象征这是神用来拯救以色列人的王，后来转变成救世主的意思），也等同于希伯来语中的名词弥赛亚，意思为“被神选定”。在基督教中基督是拿撒勒人耶稣的专有名字。

东罗马帝国由于地理位置和历史传统等因素，在文化艺术上与古希腊的关系比较密切，在我们的想象中应该能欣赏到美丽的人体雕塑和富于立体感的浮雕，然而事实相去甚远。发生在公元726年并延续了一个世纪的“圣像破坏运动”使拜占廷的艺术遭受了空前的劫难，雕刻品所受的破坏尤甚。9世纪以前的作品几乎消失了。这场由皇帝利奥三世（717～741年）发起的“圣像破坏运动”是皇权和教会斗争的结果。皇帝借口宗教改革，封闭寺院，强迫僧侣还俗，没收教会土地。

由于破坏运动者宣称神是不能描绘的，用人的外形来表现神是对宗教的亵渎，而只能用寓意的形式表现基督，如：用十字架暗示基督，葡萄酒象征基督的血，在教堂绝不允许有人与形像出现，只绘建筑、风景、花卉、树木、鸟禽等，故此大批描绘和表现基督圣徒的壁画、镶嵌画及雕刻作品被销毁了。现在我们所能看到的那个时代的作品均是以动植物为表现与题材的装饰雕刻，大多采用浅浮雕的手法，效果近似于绘画。唯一的一件圆雕是收藏在米兰美术馆的一个女性头像，有人推测她是西奥多拉皇后，微妙的表情真实生动，大大的眼睛满含忧郁。

基本小知识

米兰

米兰，城市名，南欧国家意大利的西北方大城，米兰省的省会和伦巴第大区的首府，位于意大利人口最密集和发展度最高的伦巴第平原上。它也是欧洲南方的重要交通要点，历史相当悠久，以观光、时尚、建筑闻名。

◎罗马式雕塑

“罗马式”这一名称是由19世纪初法国历史学家热维尔开始使用的。“罗马式”一词应包含两个方面的含义：语言方面，指使用罗马语（即拉丁语）系的各个国家，包括当时的法国、意大利、德国、英国、尼德兰、西班牙等国家；建筑方面，指11世纪晚期和12世纪欧洲的教堂建筑采用了古罗马厚厚的墙和有穹窿拱顶。在此以国家为顺序对罗马式教堂的雕刻艺术作一介绍。

德国的罗马式雕塑 以科隆大教堂的《基督磔刑》（公元970年作）为范例。这是一件钉在十字架上的基督雕像，受难的基督，完全没有殉教者的样子，而是普通的人。但人体解剖是不准确的，可是人物的表情与死的沉闷结合得比较好，造成一种静穆的悲壮气氛。

意大利罗马式雕塑 中世纪的意大利还没有形成一个艺术中心。在雕刻方面由于地方的分散性，形成了不同的地方学派。南意大利的雕塑基本上是沿着罗马艺术的途径发展的，大多数是对罗马时代雕塑的直接模仿。伦巴底是意大利最早形成城市公社制度的一个地区。雕刻家威廉创造性地继承了古代艺术的传统。在莫德纳教堂的浮雕中创造的人物动态已十分动人，具有自然的身体姿势和面部表情，有的已塑造了真实优美的人体。在作品中已经出现了世俗的场面和世俗人物形象。公元13世纪初，雕刻家安泰拉米的出现是雕刻发展的新阶段。他的作品构图已经达到自由活泼、优美雅致的境地，人物的身体比例更趋匀称，衣褶的线条柔顺有力度，整个浮雕画面显得平和。

英国罗马式雕塑 英国在罗马式时期的雕塑发展比较慢，10世纪才出现了圆雕。收藏在索斯威尔大教堂的《天使长与魔鬼撒旦斗争》浮雕是保存下来的最古老的浮雕，直到12世纪基贝克教堂门廊的雕刻还和当时斯塔的纳维亚教堂的大门的风格一致。

中世纪英国有重大意义的罗马式雕塑是墓碑雕刻，其构图及人物动态和面貌的处理，反映出英国的雕刻家们正尝试着反映具体生活。

西班牙罗马式雕塑　现存的中世纪时西班牙罗马式雕塑有三处：奥维亚多大教堂的圣米哈伊尔礼拜堂的使徒雕像、阿维拉的维逊特教堂西门廊的雕像和圣雅各·德·康波斯泰大教堂的门廊。

圣雅各大教堂的著名门廊被称为“光荣门廊”，是雕刻家马狄奥在1183年雕刻的。在三个宏伟的门楣中心中，中间者雕刻了荣耀的基督、圣徒和天使，边缘围绕着启示录中24个手持乐器的长老。雕有妇女形象的柱子墩上有先知和使徒的雕像。雕刻家马狄奥把自己的形象雕在中央墩上教堂保护者圣约翰的脚边，和中世纪无数个无名的雕刻家相比，他是极幸运的一个。整个门楣像采用中心对称法，形象传统，力图表现庄严和神圣，但雕刻手法已远远超出了绘画的平面浅浮雕的性质，而且有相当强的立体感。在衣褶的处理上用交错的阴影变化表现出动感，这已是哥特风格的发端了。

◎ 哥特式雕塑

“哥特式”是16世纪文艺复兴时期的建筑家在对前人的作品做总结对12世纪到14世纪的建筑所冠以的轻蔑的称呼。他们认为“哥特式”建筑尖形的拱、棱状的穹窿和繁复的装饰看上去粗俗而野蛮，只有摧毁了古罗马文明的哥特人才能做得出来。然而文艺复兴的辉煌与这种哥特式艺术有着千丝万缕的联系，所以不能用这种眼光来观看这个风格的艺术了。

这一时期的雕刻艺术表现的内容仍以圣经内容为主，同时出

拓展阅读

《圣经》

《圣经》是亚伯拉罕诸教（包括基督新教、天主教、东正教、犹太教等各宗教）的宗教经典。犹太教的宗教经典是指《塔纳赫》（或称《希伯来圣经》），而基督教的则指《旧约全书》和《新约全书》两部分。是全球范围内发行量最大，翻译成语言种类最多的书。也是第一本被带进太空的书。

现了反映历史、地理等各学科和劳动、宫廷生活的题材。人物形象逐渐丰满了，自由了。到了哥特式后期，雕刻已摆脱了做为教堂的装饰和解释教义的作用，而成为完全对人本身的表现。

德国哥特式雕塑 虽然将欧洲从 12 世纪到 14 世纪的艺术风格统称为“哥特式”，然而在不同的时期和不同的国家，其中的差别是相当显著的。哥特式晚期德国教堂的雕刻，雕刻家们总是将人像的衣着表现得与同时代人的相似，仿佛这些圣经上所记载的人就生活在那个时代的人们中间。

瑙姆堡主教堂的西内殿有 12 尊与真人等大的捐助者雕像，其中以迈森的总督埃克哈德和他的妻子波兰公主尤塔的像最精彩。这些雕像完成于 1260 年前后，而此时埃克哈德和尤塔已死去近 200 年，但雕刻家却表现了如此逼真的形象，使我们可能在人群中指出他们是其中的某男、某女。

意大利哥特式雕塑 这一时期，意大利最伟大的雕刻家是皮萨诺父子——尼古拉·皮萨诺和乔凡尼·皮萨诺。

皮萨诺父子和同时期的许多雕刻家一样，曾经在法国进行过研究工作，将法国哥特式建筑及雕刻风格介绍到意大利，并揉合以古罗马艺术风格，创造了独特的意大利式的哥特式艺术。

皮萨诺父子合作的比萨大教堂洗礼堂的讲经坛、锡耶那大教堂的讲经坛和彼鲁查的喷水池，被称为中古时代最后的伟大作品，其中为讲经坛设计的浮雕有着浓厚的古典主义风格，一般都表现了众多人物，显得有些拥挤，但是它采用了在构图上将主要人物放在中心位置，而且比其他人物要大的方法，主次分明，一目了然。这说明雕刻家受到了罗马石墩浮雕的影响。

皮萨诺父子为比萨洗礼堂所作的浮雕之一题名为《诞生》。浮雕中人物的脸部雕刻得很圆润、丰满，也很灵活，圣母和身边使女的脸转向侧面，正和那个方向的人在交流着什么。衣褶的雕刻显出流动的光彩，富于立体感。更重要的是，虽然为了区别其身份而将人物刻划得有大有小，但每个人物自身的比例是协调的。

乔凡尼·皮萨诺作为后期哥特式雕刻的代表，曾制作过多尊“圣母抱子”的立式、独立雕像，像这样独立自由站立的作品，在罗马式和哥特式早期作品中是罕见的，但这样的雕像在古希腊和罗马的雕塑作品中却是相当普遍的。

从乔凡尼的作品中我们可以看出，尽管他的“哥特式”艺术所表现的内容仍没有超出基督教的要求，但他的作品流露出了世俗性，呈现了向古希腊、罗马传统学习及对人体本身和各种自然现象进行研究的趋势。这种趋势在曾在古罗马帝国的中心——意大利成为一股不可逆转的潮流，它孕育着人类艺术史上最伟大的时期——“文艺复兴”时代的到来。

文艺复兴时期雕塑

文艺复兴时期的年代划定一般是公元 14 ~ 公元 16 世纪。这是一个要求打破中世纪宗教统治的牢笼，思想活跃而社会动荡的时代，是将历史从中世纪的蒙昧中引导出来而走向文明的重要历史时代。

雕塑作为文艺复兴时期最重要的艺术形式之一，一大批优秀的雕塑大师应运而生了，并有大量作品流传今世，作为那个伟大时代的象征而永远光照历史。

◎ 意大利雕塑

多那托·迪·尼科罗·多那太罗（1386 ~ 1466 年），文艺复兴早期最伟大的雕塑家，他的才华受到米开朗基罗的崇敬，15 世纪 20 年代就因为给意大利佛罗伦萨一些教堂建筑所作的一系列雕像和装饰浮雕而名声鹊起，后为罗马教皇约翰十三世的陵墓雕刻墓碑，确立了他 15 世纪最伟大的雕塑家的地位。他于 1443 年左右来到意大利的帕多瓦，为那里带来艺术的新气象。

多那太罗的《大卫》雕塑

多那太罗留下的作品很多，我们选取他 2 件作品加以介绍。

《大卫》，青铜雕塑，高 158 厘米，于 1430 ~ 1434 年间为美第奇宫庭院的喷水池而作。在此之前，多那太罗曾多次作了表现同一题材的雕塑作品，这是最完美的一件。

多那太罗的《大卫》表现了一个秀美少年的形象，肌肉结实，光滑的皮肤闪着健康的光泽，漂亮的面孔透露出虽然胜利但仍心未平的心理活动，将人物的性格和情节有机地结合起来，仿佛站在我们面前的就是一个真正勇敢的牧童。

《格泰梅拉达骑马像》是多那太罗 1443～1453 年间居住在帕瓦时应圣安尼教堂所托而制作的，现在这尊塑像仍矗立在帕多瓦市圣安东尼奥广场上。

格泰梅拉达是帕多瓦市的佣兵队长，因军功卓著受到市民的拥戴。塑造雕像正是为纪念他。多那太罗在格泰梅拉达的雕像塑造上，充分显示了他早年在罗马对于古希腊、罗马纪念碑雕刻技法学习的成果。佣兵队长坐在一匹雄健的马上，一副威武而坚强的样子；马的左前蹄抬起，正欲迈步前进。作者表现的是一个为保卫城市的安全，捍卫人民的利益，随时赴死出征的人间英雄的形象。

米开朗基罗·布奥纳罗蒂（1475～1564 年），16 世纪最伟大的雕塑家。出于于卡普雷塞，随即迁居佛罗伦萨。1488 年从基兰达约学习绘画，后进入美第奇学校深造。1494 年去波洛尼亚，1496 年去罗马，为圣彼得大教堂雕刻《哀悼》像，1501～1505 年在佛罗伦萨创作《大卫》像，1505 年应召去罗马为教皇儒略二世修筑陵墓，后因争吵离开。1508 年再去罗马，完成了大量陵墓雕塑，，其雕像有《摩西像》、《垂死的奴隶》和《被俘的奴隶》。1524～1534 年在佛罗伦萨完成美第奇小礼拜堂的陵墓雕塑，有著名的《昼》、《夜》、《暮》、《晨》。1536～1541 年在罗马绘制西斯廷礼拜堂的《最后的审判》。此后日益活跃于建筑领域，担当了圣彼得大教堂的主建筑师，至1564 年逝世前尚雕刻过三个《哀悼》像，1564 年在罗马逝世，终年 89 岁。他是一个多才多艺的文艺巨匠，不仅是雕塑家，还是画家、诗人。

米开朗基罗《大卫》雕像

1494 年，米开朗基罗创作了他艺术生涯中最重要的雕像之一——《大卫》。

知识小链接

大卫

是以色列联合王国的第二任国王。大卫的意思是“被爱的”。大部份关于他的记载都出自《塔纳赫》中的撒母耳记上和撒母耳记下。虽然大卫不是没有缺点，但在以色列所有古代的国王中，他被描述为最正义的国王，并且是一位优秀战士、音乐家和诗人。

大卫，是历代雕塑家所热衷的题材。米开朗基罗成就了其中最伟大的一件。在这件作品中，大卫不再是一个少年牧童的形象，而是一成熟的、健硕的、具有暴发力的年轻男子。作品选取的也不是大卫战胜戈的亚，将他的头置于脚下的时刻，而是表现了愤怒的大卫正欲将石头投向敌阵的瞬间。他把全部的力量灌注在两条有力的臂膀上，就像拉满弓的箭，随时爆发。米开朗罗正是通过高潮前一瞬的选取，造成了无可比拟的强烈的艺术效果，它除了艺术上的魅力之外，更象征提高警惕，时刻准备为祖国而战的决心。

《摩西像》是米开朗基罗为罗马教皇儒略二世的陵墓所造的大量雕像之一。工程开始于1505年，曾中断，1508年又重新开始，完成于1515年前后。

在米开朗基罗的作品中，摩西被表现为一个体格强壮的老年智者的形象。他有一头美丽的卷发，头顶处长着一对犄角，这是神的象征；长长的卷髯夸张地垂到腰际；裸露的双臂青筋暴露似蕴含着无穷的力量。他一手捋着长须，一手扶着（十戒）板，神情紧张。摩西的上身是一件薄而无袖的上衣，厚重的下衣落在两腿之间。米开朗基罗在雕刻这件作品时41岁，正是精力旺盛而头脑最清醒的时候，虽然他表现的摩西的心理和他自己的心情一样暴怒乍起，但米开朗基罗还是赋予了摩西充分的理智，使作品更具有耐人寻味的魅力。

《布鲁图胸像》作于1537～1538年，这是大师最后一件作品。

《布鲁图胸像》高74厘米，作者采用了他惯用的能突出表现人物个性的头有力地转向左侧的形式。布鲁图身披古罗马长袍，面部表情刚毅果断，表现出了无私无畏的磊落性格。这件作品没有再进一步打磨，而部分地保存了雕琢的痕迹，更加突出表现了内在力度。

◎ 法国雕塑

在雕塑方面，法国起步较晚，她主要吸收了意大利文艺复兴后期的“样式主义”精神，形成了大量以古希腊神话为题材，追求雍容华丽的贵族风格。这种风格发展到 17 世纪便是欧洲艺术史上称之为“巴洛克”的艺术风格。

《小憩的狄安娜》（大理石雕像，约作于 1555 年以后），因发现于巴黎南部的阿奈城，又称《阿奈的狄安娜》。据说作者是 16 世纪法国雕塑家库乔，模特是亨利二世的情妇戴安娜 · 德 · 波瓦蒂叶。就风格而言，矫饰主义的曲线极为优美动人。

杰曼 · 毕隆（1535 ~ 1590 年）出生于石匠世家，是 16 世纪后期杰出的雕刻家，他最出名的作品是为法王亨利二世和王后卡特林那 · 美第奇陵墓所作的雕刻，其中以亨利二世心脏壶纪念柱最为精美。该件作品作于1560 ~ 1563 年间，高 150 厘米，大理石组雕，作者别具匠心地将盛装亨利二世心脏的金壶由手携手、背对背的古希腊神话中的美惠三女神的头支撑着。

◎ 德国雕塑

文艺复兴的感召很晚才波及德国的艺术领域。在雕塑方面，在意大利已行进在文艺复兴盛期的大路上时，德国尚处于哥特式晚期向文艺复兴过渡的状态中。

蒂尔曼 · 里门施奈德（1455/60 ~ 1531 年）是德国文艺复兴时期比较重要的雕刻家。在他的作品中，还保留着浓重的晚期哥特式的气息，但他在宗教题材的作品中，表现了较多的世俗因素。例如：他于 1520 ~ 1523 年间雕刻的《迈德布隆哀悼基督祭坛》，塑造了九位形象宽厚温和的人物，他们的面貌、服装都很具有民族特色。

维特 · 施托斯（1448 ~ 1533 年）是晚期哥特式向文艺复兴过渡的著名雕刻家。他于 1517 ~ 1518 年制作的大型彩绘木雕《天使的问候》是他的代表作。作品全高 3. 7 米，天使和圣母各 2. 2 米高。由玫瑰花组成的花环围绕着告知圣母受孕的天使和圣母玛利亚。花环中央的上方是上帝的座像，身旁是两个天使，在花环中央有五个圆形木雕画面，表现了圣经中五个重要故事。

这件作品的造型十分新颖，不是传统的浮雕式，而是镂空的木雕，而且色彩艳丽，当它高悬于教堂大厅时，为神圣而威严的宗教场所添加了许多活跃气氛。

狮身人面像

> **趣味点击　金字塔**
>
> 埃及金字塔是世界八大奇迹之一。埃及金字塔相传是古埃及法老的陵墓，但是考古学家从没有在金字塔中找到过法老的木乃伊。金字塔主要流行于埃及古王国时期。陵墓基座为正方形，四面则是四个相等的方锥体，侧影类似汉字的“金”字，故汉语称为金字塔。

在埃及平坦广阔的沙漠上，耸立着许多体积庞大、高耸入云的金字塔，它们是古代埃及国王——法老的陵墓。一座陵墓是一个建筑群，金字塔是它的主体建筑。在金字塔的旁边（一般是在东侧），还有祭庙和高大的狮身人面像，它们共同显示着法老生前的“无上权威”以及死后的“灵魂不灭”。狮身人面像被希腊人称为“斯芬克斯”，它通常是由一整块巨石雕成。它雄踞在巍峨的金字塔旁，更为法老的陵墓增添一种超人间的威仪和神秘感。其人面一般为本陵墓的主人即法老的模拟像，这始源于图腾崇拜：把某种动物当成祖先或神来崇拜。把法老的面容雕在某种被崇拜的动物身上，则意味着法老是神的化身，借以显示无上权威。这其实不过是奴隶主阶级的一种伎俩，用以恐吓奴隶及其他劳动人民。埃及最大的一座狮身人面像，坐落在哈佛拉金字塔旁，约建于公元前 2500 ~ 前 2300 年，属第四王朝法老哈佛拉的陵墓建筑群。它高达 20 米，长 57 米，仅面部就有 5 米长。据说，它的人面具有法老哈佛拉的基本特征。由于

狮身人面像

雕像庞大，在雕刻中必须注意整体效果而不能过于琐碎。因此，狮身人面像的艺术手法是在极其倚括的结构起伏中，达到一定程度的写实，显示了埃及古代艺术家的高度技艺。修建陵墓建筑群所需要的难以想象的浩大工程，使它们成为古代埃及奴隶们艰苦卓绝的劳动纪录，成为奴隶劳动的纪念碑。雄踞在尼罗河畔的狮身人面像，虽然在那里默默无言，却显然是埃及奴隶制时代的残酷阶级压迫的有力见证者。

鲁多维奇宝座浮雕

这件作品属于希腊雕刻艺术过渡时期（公元前 499 ~ 前 450）。这时期希腊艺术随着战争的胜利，从传统格局中解放出来，大胆发挥，自由构思，创造新的表现方法，为全盛期开路。作品取材于神话，但它并没有把人们带到虚无缥缈的神秘世界里去。相反，它在人们面前展示的是活生生的健美人群，热爱生命的男女，是希腊人对美的理想。这浮雕是刻在当时人们使用的一种石制宝座上（因意大利人鲁多维奇发现它而得名）。宝座背面是美与爱之神阿芙罗蒂德从海中诞生的情景。人物的动作舒展、和谐。青年妇女的体态秀美，面部表情洋溢着纯洁与欢乐；衣纹随人体而展开，把人体表现得饱含青春美，并把海水的滋润感也隐约地显现出来。两侧浮雕，一个是着衣烧香女，另一个是吹笛裸女。构图极为舒适自然，造型简洁单纯，结构严谨，解剖准确，线条优美，引人入胜。它毫无冰冷的石壁感觉，而是栩栩如生的、温暖并带有弹性的人体。两块浮雕组成不同意境，女裸体是呈现出单纯、明亮的美；着衣女子则因优美、明快的衣纹线条造成柔和优雅的气氛。这极具魅力的作品，摆脱了古风时期僵死而冷峻的作风，给人以美好的精神享受。

《鲁多维奇宝座浮雕》局部

《掷铁饼者》

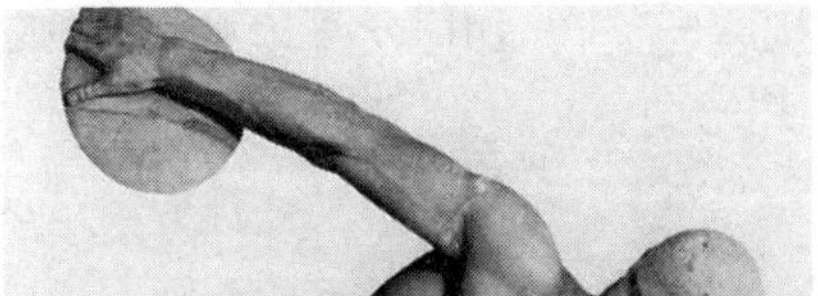

《掷铁饼者》

这座雕像是米隆（希腊艺术过渡时期著名雕塑家）的代表作，也是古典雕刻现实主义的杰作。此时期，艺术开始摆脱墨守成规的东方影响，努力探索符合自己的社会发展与民族要求的道路，突破了旧程式，提高了技巧，创造出希腊人理想化的标准造型，以后一直成为典范；它表现了复杂的动作和严格准确的结构，解决了人体重心落在一足上的动态问题，整个雕刻已趋于成熟阶段。米隆作品代表这个时期的高峰。这件作品是推崇体育家的强健体魄，夺取胜利的信念，成为优秀运动员的纪念碑。雕像选取投掷过程中的瞬间动作，把它固定下来，但不是动作的终结，而是在动作的过程中，所以给人以连贯的运动感和节奏感。互相补充或互相协调的动作，围绕着一个轴心展开，丰富了雕像构图的对立运动。两臂的极大动作，带动躯干的弯曲，出现不稳定感；但高举的铁饼把人体全部运动统一起来，暂时处在平衡之中。同时，也由于铁饼的运动有着必然下滑的趋势，因此，又产生即将转向新的运动感觉。这就突破了艺术的时间、空间的局限性。人物面部表情虽仍保持古风时期的静穆感，但人体的和谐韵味，把优胜体育家的健美、青春力量表达得尽善尽美。

《雅典娜神像》

《雅典娜神像》

拓展思考

雅典

雅典是希腊首都，也是希腊最大的城市。雅典位于巴尔干半岛南端，三面环山，一面傍海，西南距爱琴海法利龙湾8公里，属亚热带地中海气候。基菲索斯河和伊利索斯河穿城而过。市内多小山。雅典是世界上最古老的城市之一，有记载的历史就长达3000多年。现在雅典是欧洲第八大城市。

雅典娜是守护雅典城的神祇，也是智慧的女神。这件雕刻是著名的巴底农神殿大厅的主像，全身高达13米，用银白色大理石雕成，局部镶嵌着黄金和象牙，是古希腊艺术全盛时期杰出的雕刻家菲狄亚斯（公元前500～前432）的巨作。可惜原作在拜占廷帝国时代被毁坏。这里介绍的是大理石小型摹制品，高105厘米。在菲狄亚斯领导下雅典建造了巴底农神殿及其装饰雕刻圆雕及饰带浮雕等等，它们标志着希腊雕刻艺术的高峰，是古典现实主义的辉煌典范。他的作品风格雄伟、典雅，气魄庄重。面部造型，往往是均匀端正，眉宇清朗，双目有神，鼻梁挺拔，嘴唇微闭，具有崇高严肃的神态。这些特征均体现在雅典娜的雕像之中。雅典娜的体态丰满、健壮；右腿直立，左下腿向外侧微屈。袍褂和长裙采用深雕法，衣纹不但厚重有力，而且自然生动。头戴战盔，盔上有一狮身女面带翼的怪物和两只狮身鹫嘴有翼的怪兽。胸部披饰甲胄，其中装饰着高浮雕，是神蛇——美杜莎；右手托着胜利神尼凯，左手扶着盾牌。盾牌上的浮雕描写希腊人和阿玛戎的战斗，盾内盘着一条巨蛇。有趣的是菲狄亚斯把他自己和当时雅典的领袖（执政官）伯里克利斯的像也雕刻在盾牌上。雕刻家的自雕像是一个秃头的老人，他两手高举一件武器投向敌人；伯里克利斯正在投矛，他的右臂掩着自己的脸部。这座雕像宣扬了雅典国家的繁荣昌盛和威力无边，体现着雅典鼎盛时代的精神。这是一件庄严宏伟的女神像，同时给人一种人间妇女的平易安详的可亲感觉。

《哀悼》

米开朗基罗的《哀悼》采用了传统的金字塔形的构图，具有纪念碑的庄严。塔座是圣母宽大的袍子，塔尖是圣母的头。母亲抱着被虐杀的儿子的尸体，这是一个多么悲伤的时刻，然而米开朗基罗没有将圣母处理为号啕大哭的样子，而是处于伤心欲绝的沉默之中，表现了积聚在胸的悲愤。一种深藏的将要爆发的力量也许正是年轻的米开朗基罗当时心境的写照。这是一件现实主义的伟大作品，但又不是机械的现实。圣母被雕塑成一位看上去异常美

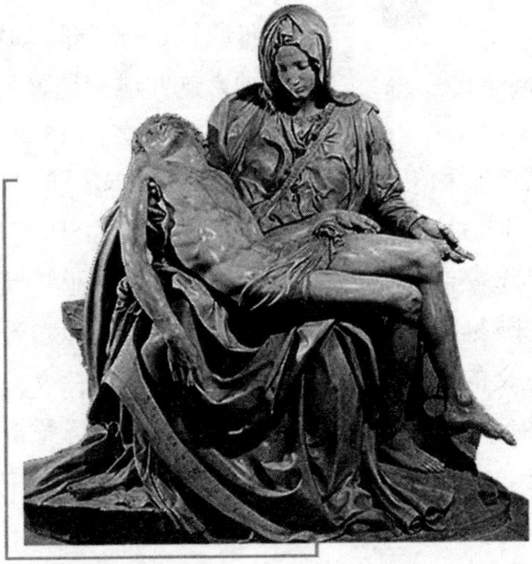

《哀悼》

丽的少女形象，而耶稣则要苍老得多，而且为了表现母子关系，放在圣母膝上的耶稣的身体比圣母要小。关于年轻的圣母形象，米开朗基罗解释说：“既然圣母是纯洁、崇高的化身，是神圣事物的象征，就一定能避免岁月的折磨和世故的毁损。”

作品通高 175 厘米，人体表现得高大，但不夸张，人物衣着宽松柔软，明暗对比适中，与所表达的气氛非常融恰。整体雕像的表现几乎是绝对光滑的，表明了艺术巨匠是以怎样的精益求精的精神倾心于他心爱的作品。并且，在圣母胸前的衣带上有作者本人的签名，这是米开朗基罗唯一签了自己名字的作品。

《大卫》

米开朗基罗生活在意大利教皇和国外侵略者互相勾结蹂躏意大利的年代。热爱祖国和自由的艺术家曾亲身参加过保卫家乡的战斗；斗争的失败使他感到痛苦失望，从而在艺术创作中，倾注其痛苦和寻找自己的理想。尤其是他所创造的一系列如巨人般体格雄伟、坚强勇猛、敢于战胜敌人的出色的英雄雕像，表达了当时全体意大利人民的渴望：渴望出现这样强有力的人物拯救祖国、领导人民脱离苦海。《圣经》传说中的牧羊少年大卫，杀死了攻打犹太人的非利士巨人哥利亚，保卫了祖国的城池百姓，使其免遭异族侵扰，受到人民的无比爱戴。米开朗基罗就在大卫的身上，寄托了爱国者的理想和渴望。大卫被雕成一个体格雄伟健美、神态勇敢坚强、体现着外在和内在的全部男性美的理想化的青年巨人。尤其是从那被刻画得十分完美的卷发和脸容上，看出古代希腊雕刻艺术对

拓展思考

歌利亚

歌利亚是传说中的著名巨人之一，《圣经》中记载，歌利亚是腓力士将军，带兵进攻以色列军队，它拥有无穷的力量，所有人看到他都要退避三舍，不敢应战。

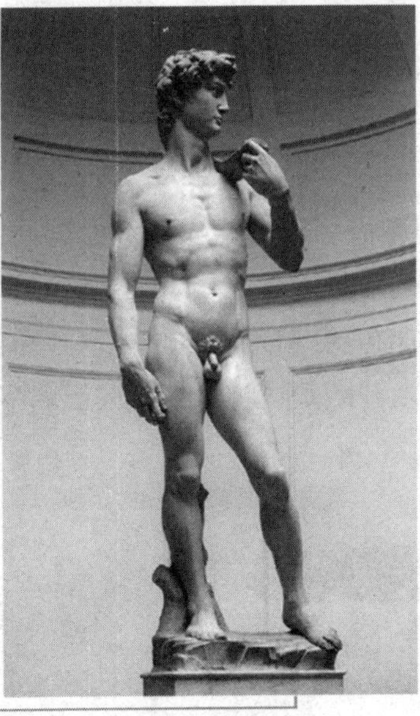
《大卫》

大师的影响。大卫左手扶着肩上的甩石机，右手下垂，扭头向左前方怒目而视，仿佛面对敌人，即将战斗。和多那太罗所雕的已取得胜利而悠然自得的大卫相比，米开朗基罗的大卫则表现出全神贯注、准备克敌的紧张情绪和坚强意志，其身姿动态－和紧张贯注的情绪相吻合。此像总高5.5米，是用一整块大理石雕成，仅用了两年时间，显示出艺术家惊人的魄力与艺术才能。尽管在整体的结构上作了某些艺术上的夸张处理（如手关节较大，大腿过长等），以加强巨人的感觉，但是它的每一细节的解剖结构的精确是无懈可击的。这是大师创作中的精华，也是雕刻艺术的不朽之作。

《青铜时代》

奥古斯特·罗丹（1840～1917年）是19世纪末至20世纪初法国的杰出雕塑家。他出生于贫民家庭，青年时代曾学习装饰雕刻并制作模型。1875年访问意大利，深受文艺复兴时期艺术的影响。罗丹的作品，风格写实，重视人物性格的刻划，并反对官方的学院派，走向现实主义的道路。后期的作品，追求绘画上的印象主义，探索新的艺术风格，因此在创作方法上有所迷离、徘徊，发生前后期创作上的矛盾。《青铜时代》是1876～1877年完成的，它表现人类从原始社会中过渡到《青铜时代》，从自然的束缚中苏醒的象征性的男子形象。它象征着“人类的黎明”或“人类的觉醒”。雕塑家真实地塑造了一个匀称而完美的青年男性人体，他的体态非常自然生动，左腿支撑全身，右腿稍弯曲，脚趾微微着地。左手好似持杖，右臂举起，手扶在头顶，使躯干和四肢的肌肉随之发生起伏变化。他的头微向后仰，双目合闭，好似即将从梦中醒来。整个体态和面部表情十分和谐，他舒展全身，正在解脱一切束缚，开始发出内在的力量。全身的轮廓结构不仅均匀、完美，并体现了精确的解剖知识。因此，受到了学院派的诬蔑和攻击，说这是从真人直接翻制的模型。罗丹为了解脱这个嫌疑和歪曲，特地翻制了一个活人的模型，使观众与作品相比较，才消释嫌疑，并得到更加普遍的赞叹。

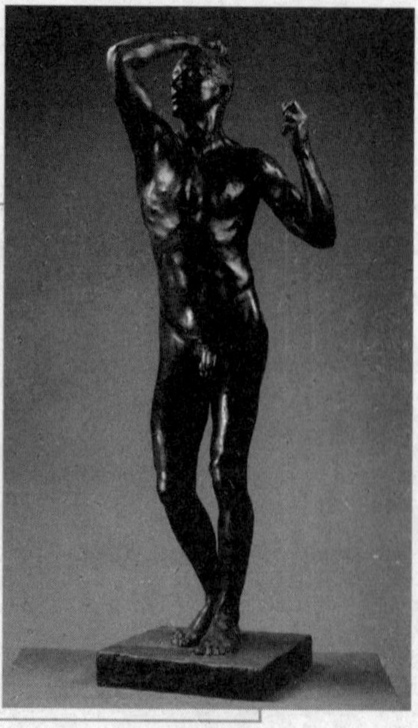

《青铜时代》

《思想者》

《思想者》是做在《地狱之门》横楣中央的一个坐像，雕刻家用这个形象来象征《神曲》的作者但丁。这个强有力的巨人痛苦地弯着腰，屈着膝，右手托着下颏，嘴咬着自己的粗手，默视下面发生的悲剧。他渴

《思想者》

望沉入“绝对”的冥想，努力把那强壮的身体抽缩、压弯成球形。他的肌肉非常紧张，不但全神贯注地思考，并且漫沉在苦恼之中。他爱惜人类，因而不能对那些犯罪的人下最后的判决，所以他怀着极其矛盾的心情，在那深刻的沉思中，体现了伟大诗人但丁内心的苦闷与悲剧。这种内在的苦闷情感，通过对面部表情和四肢肌肉起伏的艺术处理，生动地表现出来，例如那突出的前额和眉弓，使双目凹陷，隐没在暗影之中，增强了苦闷沉思的表情；又如那紧紧收屈的下腿肌腱和痉挛般弯曲的脚趾，有力地传达了这种苦痛的情感。古代希腊雕刻《拉奥孔》同样是一件表现苦痛情感的名作，但与罗丹的《思想者》比较起来，《拉奥孔》那因被蛇绞杀而挣扎的肌肉痉挛，却是一种流露于外的苦痛，而《思想者》的紧张收缩的肌内则是一种隐藏于内的苦痛，越发令人深思。雕刻家在这件作品中，一方面采用了现实主义的精确手法，同时表达了与诗人但丁相一致的人文主义思想，他们对人类的苦难遭遇寄予极大的同情和悲痛。《地狱》的罪人们就在这个巨人的身边和脚下，被那凶猛的洪水卷入痛苦的深渊。《思想者》坐在那里，沉入永不停息的冥想。

快乐悦读——文化知识

绘画天地

KUAILE YUEDU WENHUA ZHISHI

绘画艺术是华夏民族的聪慧与创造力最集中的表现之一，并在某种意义上标志着华夏文明在古典文化艺术领域的最高水准。远古壁画的神秘古朴，楚汉帛画的浪漫恢宏；魏晋佛画的绚灿庄严；隋唐界画的精湛瑰丽；五代山水的雄伟悠远；宋朝笔墨的飘逸出尘；元朝梅石的清秀隽雅；明清松竹的豪纵古拙；近代绘画的百花齐放……中国的艺术家用任意挥洒的笔墨构筑了中华民族独特的精神世界。本书就带领着您一起进入绘画的天地，让您在中国与西方的绘画文化中畅快的遨游。

帛画

帛画，是我国古代画在丝织品上的画。我国现存年代最早的帛画是湖南长沙战国楚墓中发现的三幅帛画。

一幅四周画着奇异的动植物图像，中间写有文字，但大多数不可认识，也称“缯书”；一幅绘长袖细腰女子，身着盛装，侧身合掌而立，在神话动物凤和夔的导引下，缓缓而行；另一幅绘有高冠长袖的男子，佩剑侧身，驾驭着长龙腾空前进，龙身呈舟状。画面上，线条生动流畅，人物造型也相当准确，具有丰富的想象力和精湛的艺术技巧。

马王堆1号汉墓帛画

此外，在长沙马王堆西汉墓中相继出土帛画5件。画中绘有墓主人图像和宴饮、车马、仪仗等场面，以及神话中的神灵怪异。其中还有一幅关于气功强身的图解，为我们研究古代医学史和气功的医

你知道吗

马王堆汉墓

马王堆位于长沙市东郊浏阳河西岸、长浏公路北侧，距市中心约4公里，属长沙市芙蓉区马王堆乡（原属东屯渡乡）。原为河湾平地中隆起的一个大土堆，据地方志记载为五代时期楚王马殷及其家族的墓地，故名马王堆。堆上东西又各突起土冢一个，其间相距20余米。两冢顶部平圆，底部相连，形似马鞍，故也有人称其为马鞍堆。

学用途提供了重要资料。这些帛画线条遒劲有力，色彩也很明丽，艺术水平已达相当高度。

除帛画外，我国古代还用缣帛写书，称为帛书。古书上就有“书之竹帛，传遗后世子孙”的说法。从战国开始，很长时期内，缣帛与竹、木简同是我国书写的主要材料。用缣帛写的信，也叫帛书。据史书记载，苏武被困在匈奴，为了传达信息，就将帛书系在大雁脚上，放回大雁。汉武帝在上林苑射猎，得到这只大雁，知道苏武等被困在北海大泽中，于是派人去援救。当时信息的沟通正是靠帛书实现的。

岩画

岩画就是在山岩上面作的画。

我国的岩画分布面很广，全国约有半数的省份发现有岩画的遗迹，其中又分为南方与北方两种不同的风格类型。北方岩画主要见于内蒙古、宁夏、甘肃、青海、新疆、黑龙江等地，著名的有内蒙古阴山岩画、宁夏贺兰山岩画、新疆天山岩画等。这些岩画大多凿刻于山岩岩壁，线条简洁明快、粗犷有力，其中游牧、狩猎、部落战争、图腾崇拜、祭祀或庆贺的舞蹈是常见的题材，充分体现了北方游牧民族的生活习性和审美观念。北方岩画创作年代较早，许多是史前时期的作品，有些岩画具有明显的原始时期生殖崇拜的特点。南方岩画主要见于广西、云南、贵州等地，在台湾也有发现。与北方岩画的一个明显区别是，南方岩画不是用工具凿刻，而是蘸着某种天然矿物颜料涂画的。广西花山崖岩画高约 40 米，宽约 221 米，绘有各类形象近 2000 个，是国内已知最大的岩画。画面上的人均呈双手张开上举、双脚叉立姿势，像是

宁夏贺兰山岩画

在舞蹈。形象虽然较为单调，但因组合成一个巨大的群体，仍让人有惊心动魄的感觉。对于这幅巨作的含义，人们有不同的推测，一般倾向于是某种具有宗教意义的祭祀仪式。广西左江地区的岩画大多位于江水拐弯处的悬岩崖上，因此被认为很可能是为了镇水，表现了先民抗御水患的自觉意识。云南沧源岩画表现的内容则丰富得多，可以看作是当时人们生产、生活状况的实录，譬如有直接描绘战争场面的，也有凯旋时以歌舞表示庆贺的，相当完整而生动。

我国的岩画创作起始时间早，延续时间长，风格多样，是全民族共同创造的优秀文化成果。它不仅是艺术的萌芽，也为我们追溯中华民族的源头提供了宝贵的形象资料。

人物画

以人物为主要描绘对象的画科，按其取材的差异分为宗教人物画和世俗人物画，又可细分为肖像画、故事画、风俗画。

基本小知识

肖像画

肖像画是人物画的一种。专指描绘人物形象之画。可分头像、半身像、全身像、群像等。中国的肖像画传统称谓有“传神”或“写真”，它是以现实生活中或历史上客观存在的人物为描绘对象，通过以形写神、迁想妙得等创作方法，着重刻划人物本身特定的外形特征和内在神韵，获得形神兼备的效果。

古代对某些自然现象还无法解释，因此最早的人物画自然充满着神话色彩和幻想成分。1949 年长沙楚墓出土的《人物龙凤帛画》，是至今见到的最早的具有独立意义的绘画作品。画一位侧身左向、姿态优美的女子，高髻长裙两臂前伸，在合掌施礼；画面的左上方，则有一龙一凤在搏斗。据后人考证龙凤即为接引墓主（画中的女子）“引魂升天”的前导。从此帛画看，战国时期的绘画，已基本确立了以毛笔为工具，用线条概括物象的审美特点，尽管用笔技巧尚属稚拙，但主体细腰人物和身躯环曲的龙凤均是以兽毫笔勾出缓和，这种缓和的艺术造型手法，两千多年来一直成为中国绘画的基本表现手段。

魏晋时期的顾恺之是一位杰出的人物画家。他的作品注重点睛，自云“传神写照，正在阿堵（此指眼珠）”，从而改变了早期人物画的朴素状态。其笔迹周密，紧劲连绵如春蚕吐丝，被称为“游丝描法”，对后世影响很大。代表作品《洛神赋》、《女史箴图卷》等，至今举世闻名。《女史箴图卷》现藏英国伦敦不列颠博物馆。

唐朝是我国封建社会的鼎盛时期，也是绘画史上人物画发展的高峰时期。初唐的人物画注重鉴戒、纪功和“政事”的纪实性。如阎立本所画《历代帝王图》和功臣像等，即出于鉴戒、纪功的目的。他的《步辇图》，则是一幅政事纪实性很强的作品，描绘了唐太宗召见吐蕃王松赞干布迎娶文成公主的使臣禄东赞的情景。

《女史箴图卷》

知识小链接

张萱

张萱，唐，汉族，长安（今西安）人。开元年间任过宫廷画职。以善绘贵族仕女、宫苑鞍马著称，在画史上通常与另一稍后于他的仕女画家周昉相并提。唐宋画史著录上记载张萱的作品计有数十幅，不少还一再被许多画家摹写，其中以《虢国夫人游春图》《捣练图》最为著名。

盛唐吴道子首创新的佛教人物画，成就集中体现在宗教画上，《唐朝名画录》称他“凡画人物、佛像、鬼神、禽兽、山水、台殿、草木，皆冠绝于世”，被誉为“画圣”。他的《送子天王图》，以白描的形式，充分发挥了线条概括人物造型的能力，笔道简劲流利，有粗细、顿挫、方圆、转折的变化，体现了吴道子所谓“莼菜条”的用线方法，而衣带飘举，高侧深斜，卷褶飘带之势，又将所谓“吴带当风”的特点表现得十分鲜明。他的以焦墨勾线，略敷淡彩，在当时被称为“吴家样”，曾深刻地影响了千余年的民间绘画，从而在绘画史上占着重要的地位。

唐代中晚期值得一提的还有以张萱和周昉为代表的宫廷仕女画。张萱的《虢国夫人游春图》、《捣练图》和周昉的《簪花仕女图》，人物造型脸部曲眉丰颊，体态丰腴，色彩浓艳，画面典雅，画风符合宫廷审美风尚，是当时新型的人物画。

山水画

以山水入画出现于战国以前，那时人们在生产劳动中，将大川河流的形象广泛用于工艺装饰，于是山水画也随之逐渐崛起，如南京北阴阳营出土新石器时代印纹陶片上的水纹，商周铜器——鼎上的山云纹等。

魏晋六朝尽管山水画有所发展，但还只是作为人物画的背景。以表现景物为主的山水画，大约始于隋代展子虔的《游春图》。这是一幅相当完整的青绿山水画，为现存最早的山水画轴，较西方 17 世纪出现专题性的风景画作品要早近千年。它的重彩稚拙，但已为唐代青绿山水画风格的发展奠定了基础，故被称为“唐画之祖”。

拓展阅读

展子虔

展子虔（约 550－604）北周末隋初画家杰出画家，汉族，渤海（今山东阳信县温店镇郭家楼村）人。他是现在唯一有画迹可考的隋代著名画家，在中国绘画史上占据着重要位置。

山水画至唐代开始形成独立画科，出现了青绿和水墨两种不同的表现手法和审美风格，青绿山水是以《游春图》这一类画法为基础，多用不透明的矿物质颜料，如石青、石绿等为主色来描绘自然色彩，敷色浓重，覆盖性强而具有装饰意味。水墨山水是当

游春图

时创立的新兴画派，其特点在于以墨的浓淡变化和层次交融来展现大自然的空间深度及韵致，主要代表人物有张桑、王维等。北宋米芾讲张噪的山水“近溪幽湿外，全藉墨烟浓”，道出了浓淡墨法变化的艺术魅力。明末董其昌则评“文人之画，自王石丞始”，是说王维首开以诗境入画、诗画统一之先河。

山水画创作的全盛时期是五代和北宋，当时涌现出不少名画家。以他们所处的不同地区，划分为两大画系：北方画派以荆浩、关仝、李成、范宽为代表，作品较多表现出雄壮峭拔的风格。此外，还出现了以泼墨为法，追求“意似”之“简”的米芾、米友仁父子，他们画山画树重在墨法，墨中见笔，以浑然之水墨来写空蒙云雾中的烟雨景象，达到“满纸淋淳障犹湿”的境界，对后世影响很大。

元代，以黄公望、王蒙、倪瓒、吴镇为代表的元四家，他们的水墨写意山水画在题材选择和审美意识上都表现出文人摆脱仕途烦恼，思想孤高，隐逸山林以寻求内心平衡的心态。

明、清两代，崇古画风盛行，不过，重情性的水墨写意画派依然有所发展。明初有以载进为代表的浙派，明中期则有被称为“吴门四大家”的沈周、文征明、唐寅、仇英，他们打破以往画家拘守一科的局限，既画山水也画花卉、人物，虽然审美风格各有特点，但总的倾向是注重抒发文人潇散淡逸的意兴，发扬光大了文人画的传统。

花鸟画

工笔花鸟画

我国花鸟画，从形象创造上一直可追溯到原始社会的彩陶文化。彩陶上有植物形纹饰以及鸟、鱼、花、草类的图案。花鸟造型由粗拙到精细，由象征到写实，并逐步从一些工艺装饰品或绘画配景的点缀中独立出来。

花鸟画的独立成科是在中唐，以边鸾、滕昌佑、刁光胤为代表。元汤垢在《画鉴》中说：“唐人花鸟，边鸾最为驰誉，大祇精于设色，浓艳如生。”

五代的花鸟画分成两种画法体系：即黄筌的重彩写生（设色）和徐熙的重墨写意。据《梦溪笔谈》载：“徐熙以墨笔为之，殊草草，略施丹粉而已，神气四出，别有生动之意。”又说：“诸黄画花，妙在敷色，用笔极新细，殊不见墨迹，轻色染成，谓之写生。”徐熙所画多为江湖汀花、野竹、水禽之类，而黄筌表现的则为奇花异草、珍禽稀兽。两人所画内容和表现手法迥异，诚如北宋郭若虚所云：“黄家富贵，徐熙野逸。”但他二人对后世、特别是宋代的花鸟画的发展，产生了

拓展思考

齐白石

齐白石（1864 — 1957），汉族，湖南湘潭人，二十世纪十大画家之一，世界文化名人。是我国20世纪著名画家和书法篆刻家。曾任北京国立艺专教授、中央美术学院名誉教授、北京画院名誉院长、中国美术家协会主席等职。曾被授予“中国人民艺术家”的称号、荣获世界和平理事会1955年度国际和平金奖。代表作品有《花卉草虫十二开册页》，《白石草衣金石刻画》等。

极其深远的影响。

北宋前期，画院始终以黄派重彩写实的审美规范作为标准，直到神宗时期出现了赵昌、崔白等人的花鸟画，才开始逐步打破了近一个世纪“黄体”的艺术规范。北宋后期花鸟画步入全盛，这与宋徽宗“嗜玩”书画有着直接的关系。他不仅自己兼长书画，重视写生，以精工逼真著称；而且还扩充并亲自掌管翰林图画院，对绘画的发展颇有功绩。

明代后期，水墨写意花鸟十分兴盛，花鸟画有了很大的突破性进展，其中以陈淳、徐渭为杰出代表，将水墨写意风格推向成熟的高峰。他们笔下淋漓奔放的大写意花鸟画对后世影响颇大，其后如石涛、朱耷以至近、现代的吴昌硕、齐白石、潘天寿等无不深受影响。

版　画

随着雕版印刷术的发展，一项新颖的绘画门类开始步入艺术殿堂，那就是版画。版画是由画家提供画稿，再由工匠镌刻的。与其他画种的最大区别是，版画不再是独幅的创作，而是可以成批地复制。唐代佛教流行，为宣传教义，寺院刊印佛经散发，在佛经的卷首往往会附上一张诠释经义的版画。现存最早的版画作品就是刻于 868 年的《金刚般若波罗密经》卷首图。到了宋代，中央和地方政府都大力扶持刻书业，私人的刻书坊也层出不穷。北宋的都城汴梁和南宋的都城临安都是刻书的中心，不仅通俗文学书籍、佛经上有插图，还出现了图谱式的科技读物，甚至像《尚书》、《论语》这样的经史文集也附有精美的插图。南宋的《梅花喜神谱》共有 100 幅，描绘了梅花的不同形态，刀法古朴明快，

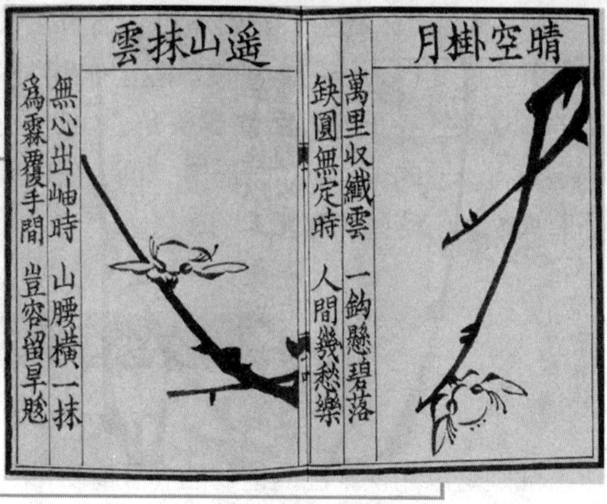

《梅花喜神谱》内页

十分传神。

明代市民文化日趋繁荣，为满足新兴市民阶层的精神需要，小说、戏曲创作进入高潮，书刊印刷业更加兴旺。书坊老板为了迎合读者的趣味，竞相聘请名师名工作画镌刻，从而使得版画创作进入了一个新的阶段。明代中叶的出版物，几乎已到了无书不图、无图不精的地步。这中间，徽派版画的异军突起格外引人注目。徽派版画刻画细腻，人物形象生动，并注重背景的烘托。徽州地处山区，外出谋生者众多，这就将徽派版画的风格播及全国。当时其他的刻书中心，如南京、杭州、苏州等地的版画风格，或多或少都受到徽派版画的影响。

> 你知道吗
>
> **陈洪绶**
>
> 陈洪绶（1598～1652）明末清初书画家、诗人。字章侯，幼名莲子，一名胥岸，号老莲，别号小净名、晚号老迟、悔迟，又号悔僧、云门僧。汉族，绍兴诸暨市枫桥镇陈家村人。年少师事刘宗周，补生员，后乡试不中，崇祯年间召入内廷供奉。明亡入云门寺为僧，后还俗，以卖画为生，。一生以画见长，尤工人物画，与顺天崔子忠齐名，号称“南陈北崔”，人谓“明三百年无此笔墨”。

除了书籍插画外，版画还运用于传授画家画法的“画谱”和民间娱乐的“酒牌”。明末清初的著名画家陈洪绶就绘制了一套《水浒叶子》和《博古叶子》，前者由徽派高手黄君倩所刻，后者由黄子立所刻，都是难得的艺术珍品，并在民间广为流传。清代版画创作继续繁荣，但成就不如明代。值得一提的有皇家扶持的宫殿派崭露头角，如焦秉贞绘、朱圭刻的《耕织图》等，都是值得称道的佳作。“画谱”方面，王概等人编辑的《芥子园画传》则是当时人们学习绘画的理想入门教材。

油画

油画是以用快干性的植物油（亚麻仁油、罂粟油、核桃油等）调和颜料，在画布亚麻布、纸板或木板上进行制作的一个画种。作画时使用的稀释剂为挥发性的松节油和干性的亚麻仁油等。画面所附着的颜料有较强的硬度，当画面干燥后，能长期保持光泽。凭借颜料的遮盖力和透明性能较充分地表现描绘对象，色彩丰富，立体质感强。油画是西洋画的主要画种之一。

我国的油画最早出现在棺椁器具之中，据《周礼》、《汉书》等文献所记，二千多年前的中国已有用“油”绘画的历史。通常的说法是 1581 年利玛窦携天主、圣母像到中国后，才开始了中国的油画，其中一幅“木美人”作品，虽历时五百年，仍依稀可见画风的古朴厚重。

康熙年间，传教士郎世宁、潘庭章、艾启蒙等以绘画供奉内廷，从而把西方的油画技法带入了皇宫；雍正，乾隆年间，宫廷的包衣（满语即奴仆）受命于皇上，向传教士学习油画，但并未留下一些痕迹。到了 1840 年鸦片战争爆发，中西文化大冲撞，民间的画坊、画馆兴起，画技亦得到了改善。但此时由于画工的地位低微，文化素养也有限，使他们的作品未能进入文化的高层次，形成一个独立的新文化。

拓展阅读

《周礼》

《周礼》是儒家经典，西周时期的著名政治家、思想家、文学家、军事家周公旦所著，。《周礼》所涉及之内容极为丰富。大至天下九州，天文历象；小至沟洫道路，草木虫鱼。凡邦国建制，政法文教，礼乐兵刑，赋税度支，膳食衣饰，寝庙车马，农商医卜，工艺制作，各种名物、典章、制度，无所不包。堪称为上古文化史之宝库。

水彩画

用颜料调水画在白纸上，采用西洋画的造型方法。水彩画主要有干画法和湿画法两种。干画法就是等画上去的第一层颜色干了以后，再加第二层颜色；湿画法即在画面打好轮廓后，用清水将整幅画面打湿，趁未干时上色作画。

就其本身而言，水彩画具有两个基本特征：一是画面大多具有通透的视觉感觉；二是绘画过程中水的流动性。由此造成了水彩画不同于其他画种的外表风貌和创作技法的区别。颜料的透明性使水彩画产生一种明澈的表面效果，而水的流动性会生成淋漓酣畅、自然洒脱的意趣。

水彩画的范畴可以推展到古代埃及人的画卷，波斯人富有异国情调的细密画和欧洲中世纪圣经手抄本的插图，以及我国古代的传统洛阳东郊顾人残墓中布质画幔的遗迹，更早甚至可追溯到史前时代阿尔塔米拉和拉思考的洞穴壁画。虽然许多古代人类用颜料、树脂调和水，作为记载他们的生活琐事，传述他们社会文明的工具，但是，随著时光的荏苒，知识的累积，历经18、19世纪欧洲水彩画的兴起；尤其是英国多位水彩画家们努力所创立的丰硕成就，从此，水彩画渐近完美。到19世纪末，水彩画已经发展出完整的独自体系。

随着科技的进步，新的绘画材料的生产，如今的水彩画已不再局限于透明水彩与不透明水彩两大范畴。举凡能用水稀释作画的材料。如压克力、透明水彩液、水彩铅笔，都包含在水彩画的领域之中。

水粉画

水粉画与水彩画很相似，区别在于采用的颜料不同。水粉画塑造形象的色彩效果接近油画，材料成本比油画的低，能快速成画，因此成为世界上广泛流行的画种之一。

水粉画是使用水调合粉质颜料绘制而成的一种画。它的色彩可以在画面上产生艳丽、柔润、明亮、浑厚等艺术效果。

水粉画与水彩画一样都使用水溶性颜料，如用不透明的水粉颜料以较多的水分调配时，也会产生不同程度的水彩效果，但在水色的活动性与透明性方面，则无法与水彩画相比拟。含粉意味着对水色流畅的活动性产生限制的作用。因此，水粉画一般并不使用多水分调色的方法，而采用白粉色调节色彩的明度，以厚画的方法来显示自己独特的色彩效果。这一点近似于油画的绘制方法。因为不透明的水粉颜料与油画颜料都是具有遮盖力的颜料，所以水粉画是介于水彩画与油画之间的一个画种，它是通过吸取水彩画与油画的某些方法与技巧而发展形成自己的技法体系的。在国外，并没有水粉画这一独立的画种。一般都将其包括在水彩画的范畴之中，称为不透明的水彩画，或用水粉颜料绘制的广告招贴画等统称为水粉画。在我国，由于社会经济和文化条件的原因，普及美术和实用美术发展很快，从而促进了水粉画的不断普及与提高。使它具有一套完整而系统的、与其他画种不同的技法，成为在绘画领域中具有群众基础而又受专业画家所钟爱的一个独立画种，进而显示出自己独特的美学价值和艺术风貌。

素 描

素描是以线为主要描绘方式的单色画。素描使用的工具非常广泛，包括铅笔、炭条、钢笔、毛笔、色粉笔、石笔、金属笔、芦杆笔等。绘画的平面多为纸面，也包括羊皮纸、布料、木头、金属、陶瓷乃至墙面、玻璃、沙面等。素描的题材有肖像、静物、风景、人物及非具象的点、线、面的组合等。素描是研究和再现物象的一种方式，是一切造型艺术的基础，同时也是训练造型能力的基本手段。

知识小链接

色粉笔

社粉笔是彩色粉笔的简称西方多称软色粉，是一种用颜料粉末制成的干粉笔. 一般为 8－10cm 长的圆棒或方棒，也有价格昂贵的木皮色粉笔. 。

漫 画

漫画是以简练的手法直接表露事物本质、特征的绘画。它不受时间、空间等条件的限制，习惯采用夸张、比喻、象征等手法和形式。有较强的讽刺、歌颂、抒情、娱乐等方面的功能，并善于表达作者对世事人情的看法，尤以讽刺与幽默见长。

南宋四家

《万壑松风图》

南宋院体山水画家李唐、刘松年、马远、夏圭四人合称“南宋四家”，属豪纵简略一路画风。

李唐，北宋末南宋初画家。河阳（今河南省孟县）人。宋徽宗时任画院待诏。在绘画上，李唐是宋代绘画史上的承前启后的人物。他善画山水、人物、禽兽、界画，尤以水墨山水为人称道。在布局上他改变了以往全景式山水的构图法，采取顶天立地的方式，突出描绘自然山水的一角。从此一变北宋山水画严谨的格局，而开南宋豪放简括的水墨山水画的新面貌。对稍晚于他的刘松年、马远、夏圭等人的绘画创作影响很大。他的传世作品有《万壑松风图》、《江山小景图》、《晋文公复国图》、《采薇图》等。

刘松年，南宋画家。钱塘（今浙江省杭州市）人。绍熙（1190～1194）年间为画院待诏，宁宗（1195～1224）时因画《耕织图》进呈，得到赐金带的荣誉。他善画山水、人物，其艺术水平被誉为“院人中绝品”。其山水画中青绿者工细而有秀色，水墨者精细工致，山石用小斧劈皴，树多用夹叶，楼台建筑工细严整而不刻板，具有自己的独特的风貌。他的传世作品有《四景山水图》，全卷布置精严，笔苍墨润，设色典雅，代表了他的山水画的风格和成就，也是传世南宋山水画中难得的杰作。

趣味点击　《踏歌图》

《踏歌图》是南宋著名画家马远的传世名作，此图近处田垅溪桥，巨石踞于左角，疏柳翠竹，有几个老农边歌边舞于垅上。远处高峰削成，宫阙隐现，朝霞一抹。整个气氛欢快、清旷，形象地表达了“丰年人乐业，垅上踏歌行”的诗意。

《踏歌图》

马远，南宋画家。祖籍河中（今山西省永济县），移居钱塘（今浙江省杭州市）。为光宗、宁宗时期（1190～1224）画院待诏。他善画花鸟、人物，尤长于山水。其山水画多取材浙江一带山川景物，发展了李唐等人的笔墨雄强、沉郁劲健的水墨山水画特色。构图上，变唐、五代、北宋山水画中山水重复的全景式构图，为取自然山水之一角，经过提取、加工、剪裁，突出自然山水的雄奇峭拔部分，并利用空白来衬托画中主体，给人以强烈印象。他的山水画在章法的剪裁，形象的概括及笔墨的提炼方面，都有突出的创造。画面优美简洁，富有诗意，把李唐以来的水墨山水画发展到了极为完美的地步。他的传世作品有《水图》、《踏歌图》、《雪图》、《寒江独钓图》等。

夏圭，南宋画家。钱塘（今浙江省杭州市）人。为宁宗时期（1195～1224）画院待诏，受到皇帝赐金带的荣誉。他的山川水画属于水墨苍劲一派，喜用秃笔，下笔较重，更显得老苍雄放。他用墨善于调节水分，因而取得更为淋漓滋润的效果。在山石的皴法上，常先用水笔淡墨扫染，然后趁湿用浓墨皴，造成水墨浑融的特殊效果，被称作拖泥带水皴。他善于表现烟雨迷漾的江滨湖岸景色，其点景人物亦简括生动，楼台等建筑物不用界尺，信手而成。他喜用一角半边的构图，故有“夏半边”之说，用寥寥几笔，表现一个异常广阔、旷远的空间。他的传世作品有《溪山清远图》、《江山佳胜图》、《西湖柳艇图》、《观瀑图》等等，其中《山水十二景》是他最有名的代表作之一。

扬州八怪

扬州八怪是清乾隆间寓居江苏扬州的八位代表画家的总称，一般指汪士慎、黄慎、金农、高翔、李鱓、郑燮、李方膺、罗聘。实际上不止八人，也有将高凤翰、边寿民、杨法、陈撰等列入者。这派画家作画多以花卉为题材，亦画山水、人物，主要取法于陈道复、徐渭、朱耷（八大山人）、原蹊济（石涛）等人，能不拘前人陈规，破格创新，抒发真实情感；又都能诗，擅书法或篆刻，讲究诗书画的结合，和当时流行画坛的尚古模拟之风有所不同，被时人曰为“偏师”、“怪物”，遂有“八怪”之称。他们大胆豪放地运用笔墨，构图力追险绝，作品不但在清代画坛风格独特，而且对近、现代写意花卉画也有很大影响。

基本小知识

乾隆

清高宗纯皇帝爱新觉罗·弘历（1711. 9. 25－1799. 2. 7），即乾隆帝，清朝第六位皇帝，清定都北京后第四位皇帝。年号乾隆，寓意“天道昌隆”。他25岁登极，在位六十年，退位后当了三年太上皇，实际掌握中国最高权力长达六十三年零四个月，是中国历史上执政时间最长、年寿最高的皇帝。

岭南画派

中国画流派。首创人物是高剑父、高奇峰、陈树人。他们和他们的艺术群体有相似的艺术主张，且都是五岭之南的广东人，因此形成了中国现代史上有名的“岭南画派”。他们在思想艺术上提倡融合西画以革新中国画，提倡艺术反映时代、唤醒民众、感化社会、陶冶性灵，强调写生，主张师法自然。在题材上以瓴毛走兽、花卉、山水为主。他们在传统技法的基础上，融合日本、西方的技法，大胆地运用色彩和水墨，特别是把豪放的笔墨与撞水撞粉的技法结合在一起，生发出画面的天光云色、月影风行的诗一般意境，其作品具有时代气息和地域特色。

文艺复兴美术

文艺复兴是14世纪下半叶至16世纪始于意大利进而遍及欧洲各国的一场文化变革运动。文艺复兴的艺术以古希腊、古罗马古典艺术为楷模，它提倡写实主义，以人文主义为宗旨，反对宗教禁欲主义。文艺复兴时期的绘画注重写实，开创了基于科学理论和实际考察的绘画技法，如人体解剖和透视法则等。

拓展阅读

佛罗伦萨

佛罗伦萨是意大利中部的一个城市，托斯卡纳区首府。位于亚平宁山脉中段西麓盆地中。十五至十六世纪时佛罗伦萨是欧洲最著名的艺术中心，以美术工艺品和纺织品驰名全欧。

意大利的佛罗伦萨是文艺复兴绘画的摇篮。从14世纪至15世纪前半叶，佛罗伦萨画派始终是绘画的主要流派。乔托是佛罗伦萨画派早期的大师。他的艺术具有鲜明的写实主义倾向，作品虽多属宗教题材，却开始真实表现世俗生活情景，注意空间远近关系与人物的主体表现。乔托之后，佛罗伦萨画派人才辈出，产生了马萨乔、乌切洛、波提切利、吉兰达约等一大批杰出画家。他们的画风或雄伟或秀丽，但都注重空间的透视表现和人物的坚实造型，并以善于用线为他们的共有特色。15世纪末到16世纪，文艺复兴的绘画进入鼎盛时期，继佛罗伦萨画派之后，涌现了翁布利亚画派、威尼斯画派、米兰画派、罗马画派。

文艺复兴盛期绘画的杰出代表是达·芬奇、米开朗基罗和拉斐尔。前两位都是佛罗伦萨艺术家，拉斐尔虽师从翁布利亚画派，也主要在佛罗伦萨完成学业，形成自己的艺术风格。他们的活动都不限于佛罗伦萨。米开朗基罗和拉斐尔主要活动于罗马。达·芬奇前期在米兰，后期远走法国。他们的艺术也在更广泛的范围内代表了文艺复兴时期的成就。

达·芬奇的绘画熔艺术与科学于一炉，他的作品在体现人文主义思想和掌握写实主义手法上较之前人有了极大提高，杰出的如《最后的晚餐》、《蒙娜丽莎》等被誉为世界名画之首。米开朗基罗则在雕塑、绘画和建筑方面都留下了最能够代表盛期文艺复兴水平的典范创作。他的绘画以气势宏伟著称，他的人物形象雄健壮实，气魄伟岸，显示了艺术家在写实基础上非同寻常的理想加工。拉斐尔的绘画以秀美典雅著称，他的圣母像寓崇高于平凡，被誉为美和善的化身，充分体现了人文主义的理想。

拓展思考

达·芬奇

列奥纳多·达·芬奇，意大利文艺复兴三杰之一，也是整个欧洲文艺复兴时期最完美的代表。他是一位思想深邃，学识渊博、多才多艺的画家、寓言家、雕塑家、发明家、哲学家、音乐家、医学家、生物学家、地理学家、建筑工程师和军事工程师。

在文艺复兴盛期绘画中，成就卓著的另一流派是威尼斯画派。在 16 世纪，这一画派先后出现了乔尔乔内、提香、丁托列托和韦罗内塞 4 位大家。尤以提香长达 70 年的创作活动，为威尼斯画派赢得了巨大的声誉。威尼斯画派诸家皆以色彩处理取胜，但个人风格又有所长。例如，乔尔乔内作品富于诗意，提香画中人物的健美丰硕，丁托列托构图的宏大灵动，韦罗内塞风格的富丽豪华，都从不同方面丰富了文艺复兴绘画的成就。由于威尼斯画派油画技法的卓越，它对日后西方近代绘画的影响，甚至比佛罗伦萨画派更大。

在意大利文艺复兴运动的影响下，尼德兰、德国、法国、西班牙等地区均产生了文艺复兴运动。尼德兰文艺复兴绘画虽然接受了意大利的影响，但主要是从本土的哥特艺术蜕变而来，其早期代表画家有凡·爱克兄弟。他们的绘画具有鲜明的写实主义风格。后期最有成就的画家是有“农夫”之称的勃鲁盖尔，他不仅善于描绘民间特别是农民的生活情态，而且是一位伟大的风景画家。德国文艺复兴时期产生了许多杰出的绘画大师，其中最著名的有丢勒、克拉纳赫、荷尔拜因等，虽然他们的风格特色各有不同，却都以写实主义的成就显示了新艺术的巨大生命力。法国的文艺复兴绘画吸收了意大利和尼德兰的营养，代表画家是富凯。西班牙文艺复兴绘画的主要代表人物是出生于希腊的格列柯。

浮世绘

浮世绘是日本德川时代（亦称江户时代，1603～1867）兴起的一种民间绘画。它流行于17世纪至19世纪，在长达300年的演变和发展的历史中，产生过近40个不同流派与风格，出现了800多位艺术家。“浮世”是现世的意思，故其描绘的题材大都是民间风俗、优俳、武士、游女、风景等内容。浮世绘一般以色彩明艳、线条简练为特色，反映当时民间的生活，具有鲜明的日本民族风格。浮世绘最初以黑色印刷，称“墨折绘”；后来只在少数地方略施红色，通称为“丹绘”；其后添加黄、绿、紫色，又称为“红绘”；画面使用如漆状的深黑色，又称为“漆绘”；最后达到多种颜色并置于画面，似织锦般的多彩，故有“锦绘”之称。浮世绘的重要画家有：铃木春信、葛饰北斋、安藤广重、伊东深水等。

浮世绘作品《北国五色墨——吉原艺妓》

你知道吗

风俗

风俗是特定社会文化区域内历代人们共同遵守的行为模式或规范。风俗的多样性，是以习惯上，人们往往将由自然条件的不同而造成的行为规范差异，称之为“风”；而将由社会文化的差异所造成的行为规则之不同，称之为“俗”。

古典主义画派

古典主义画派是指从17世纪至19世纪流行于欧洲各国的一种文化思潮和美术倾向。它发端于17世纪的法国，主要是对古希腊、罗马古典作品艺术风格的怀旧和模仿之风。这个时期的代表画家有普桑、洛兰等。而狭义上讲，又把18世纪末至19世纪初，法国大革命时期兴起的这种怀旧风格的绘画，也归于古典主义，或称为新古典主义。这时的古典主义提倡典雅崇高的题材，庄重单纯的形式，强调理性而轻视情感，强调素描与严谨的外表、贬低色彩与笔触的表现，追求构图的均衡与完整，努力使作品产生一种古代的静穆而严峻的美。这时的主要代表画家有达维特、布格罗、安格尔等。

浪漫主义画派

浪漫主义画派是指19世纪初叶，资产阶级民主革命时期兴起于法国画坛的一个艺术流派。浪漫主义画派以肯定、颂扬人的精神价值，争取个性解放和人权为思想原则。在绘画上摆脱了当时学院派和古典主义的羁绊，偏重于发挥艺术家自己的想象和创造，创作题材取自现实生活、中世纪传说和文学名著等。构图变化丰富，色彩对比强烈，笔触奔放流畅，使画面具有强烈的感情色彩和激动人心的艺术魅力。

现实主义画派

现实主义画派是与法国1848年革命同时出现的。“现实主义”在西方语言中也可指艺术写实的手法，因此“现实主义”也可称为“写实主义”。它提倡客观地观察现实生活，按照现实生活的本来面貌，真实地表现典型环境中的典型形象，再现生活，从而推动历史前进。画家库尔贝和理论家尚弗勒里是其精神领袖。

印象主义画派

印象主义画派是19世纪后半期至20世纪初期流行于法国、欧美乃至世界的一种艺术流派和文艺思潮。印象派产生是西方绘画发展的必然结果。绘画自16世纪威尼斯画派起就关注光和色彩的描绘，尤其是提香，尔后有鲁本斯、委拉斯开兹、伦勃朗、哈尔斯和维米尔，在他们的作品中都闪耀着迷人的色彩。尤其是善于描绘阳光的维米尔，他曾描绘过充满阳光的房间，可谓印象派的先驱者。英国风景画大师透纳和康斯太勃尔的画中充满阳光和空气，使法国的德拉克罗瓦如获至宝，他在自己的画中就已竭力表现过，人们称他是“打开印象主义天窗”的画家。巴比松画派的画家已经将自己的画架移到室外大自然中去对景写生，为印象主义画家开了先河。库尔贝的画中已经充满了阳光，有人称他是“印象派之父”。在所有这些大师们的探索成就之上，诞生了印象主义画派。

德拉克罗瓦自画像

知识小链接

法国

法国全称为法兰西共和国，现在是法兰西第五共和国，位于欧洲西部，与比利时、卢森堡、德国、瑞士、意大利、摩纳哥、安道尔和西班牙接壤，隔英吉利海峡与英国隔海相望。

后印象画派

后印象画派是从印象派发展而来的一种西方油画流派。广义指继承印象画派，并加以变革的各个不同流派；狭义指塞尚、梵高、高更等人的创作方法。

基本小知识

梵高

文森特·威廉·梵高（1853－1890），荷兰后印象派画家。他是表现主义的先驱，并深深影响了二十世纪艺术，尤其是野兽派与德国表现主义。代表作品，《星夜》、《向日葵》《有乌鸦的麦田》等。

在19世纪末，许多曾受到印象主义鼓舞的艺术家开始反对印象派，他们不满足于刻板片面的追求光色，强调作品要抒发艺术家的自我感受和主观感情，于是开始尝试对色彩及形体表现性因寨的自觉运用，后印象派从此诞生。后印象派将形式主义艺术发挥到极致，几乎不顾及任何题材和内容。在艺术表现上，后印象派更加强调构成关系，认为艺术形象要异于生活的物象，用作者的主观感情去改造客观物象，要表现出“主观化了的客观”。他们在尊重印象派光色成就的同时，不是片面追求外光，而是侧重于表现物质的具体性、稳定性和内在结构。后印象派的绘画对现代诸流派的发展有着重大的影响，直接导致了结构主义的诞生。

新印象画派

新印象画派是19世纪末从法国印象派发展而来的一个流派。他们认为印象画派表现光色效果的方法不够严格，标榜以科学方法追求色彩分析，用不同的色点排列组合作画，画法机械。此派活动时间短暂，代表画家有修拉、西涅克、克罗斯等。

修拉是诞生在科学革命中的最早的新型艺术家——艺术家兼科学家。他把文艺复兴传统的古典结构和印象主义的色彩试验结合起来，把最新的绘画空间概念、传统的幻象透视空间，以及在色彩和光线的知觉方面的最新科学发现结合起来，对20世纪几何抽象艺术有很大的影响。修拉生活在印象主义画派的初期，而且推动了印象主义的发展。他对色彩的专门研究，使得他的作品层次分明，而他自己也成为新印象画派——“点彩派”的代表。

达达主义画派

达达主义画派是20世纪初在欧洲产生的一种资产阶级的文艺流派。该派艺术家否定传统艺术，抛弃了传统的艺术语言和规则，广泛运用抽象拼贴、现成物、废弃物等进行创作，已达到嘲讽、戏谑艺术的目的。达达派艺术家主要有杜桑、阿尔普、毕卡比亚、施维特斯等人。

野兽派

野兽派也称野兽主义，是20世纪第一个现代流派。“野兽”一词非指画家，而是形容1905年巴黎秋季沙龙中以马蒂斯为首的画家群体的艺术风格。他们继续着梵高、高更、塞尚等人的探索，特别注意线和色彩表现力，不受任何程式束缚，多用大块原色和奔放的线条构成夸张变形的物象，以求得“单纯化”的赏心悦目的装饰效果，完全冲

拓展阅读

亨利·马蒂斯

是法国著名画家，野兽派的创始人和主要代表人物，也是一位雕塑家、版画家。他以使用鲜明、大胆的色彩而著名。

破自然主义的传统和理性的控制，追求更为主观和强烈的艺术表现，对西方绘画的发展产生了重要的影响。他们吸收了东方和非洲艺术的表现手法，在绘画中注意创造一种有别于西方古典绘画的疏、简的意境，有明显的写意倾向。野兽主义作为社团存在的时间只有两三年。参加这一社团的艺术家后来朝着不同的目标，继续作新的探索。德兰、劳伦瑟转向立体主义；路阿、凡·东根更近乎表现主义；马尔凯难以察觉地转向如同印象主义感觉的艺术。只有马蒂斯始终忠于纯绘画的最初信条，成为现代艺术中与毕加索并驾齐驱的巨匠。

立体主义

立体主义亦称“立方主义”、“立体派”。1907 年至 1914 年间出现于法国画坛的现代艺术的一个流派。他们把一切物体形象破坏和解体，然后加以主观的组成。不但把自然形体分解为几何切面，并互相重叠，又发展到在一个画面上同时表现事物的几个不同方面，如把人像的正侧两面同时表现等；或将纸片等实物粘贴构成支离破碎的画面，完全破坏了客观形象。代表画家有毕加索、布拉克等。

抽象主义

现代西方艺术（主要是绘画和雕塑）思潮和流派，产生于 20 世纪初。抽象主义否定描绘具体事物，主张抽象表现。抽象主义者认为，艺术不反映现实的表象，艺术的使命是表现“事物的本质”和对本质的感受。因此，他们拒绝描绘客观世界的现象。

抽象主义美术可分为两种类

你知道吗

蒙德里安

彼埃·蒙德里安（1872 年 3 月 7 日－1944 年 2 月 1 日），荷兰画家，风格派运动幕后艺术家和非具象绘画的创始者之一，对后代的建筑、设计等影响很大。

型：一类是从自然物象出发，对具体物象加以简约，抽取其富于表现特征的因素，形成极其简单、概括的形象。另一类是由几何图形构成的抽象，不以自然物象为基础。抽象主义的出现，反映了艺术表现的对象由外部世界转向人的内心世界、从描绘外在事物到表现人的精神的一种趋势。

抽象主义从原始艺术、中世纪的宗教艺术、非洲和大洋洲艺术，并从东方的文字、书法中吸收养料，也从中国的老庄哲学、佛教禅宗中择取适应 20 世纪西方哲学观念和人们心理状态的观念和理论。不少抽象主义作品表现出逃避现实和社会虚无主义的倾向；也有作品反映了人们对美好未来的憧憬，表现了积极、进取、乐观的思想情感；更多的作品则着眼于艺术形的独特创造。归纳 20 世纪的各种抽象主义艺术，凡是着重感情表现的，称为抒情的抽象，或热抽象；凡是着重表现理念的，称为理性的抽象，或冷抽象。

抽象主义不是一个有宣言和纲领的社团。抽象主义的创始者有俄国画家康定斯基、荷兰画家蒙德里安等。

抽象艺术

抽象艺术指艺术形象大幅度偏离或完全抛弃自然对象外观的艺术。现代抽象艺术大体可分为两大类：第一类对自然对象的外观加以减约、提炼或重新组合；第二类完全舍弃自然对象、创作纯粹的形式构成，并因此被称为纯抽象。第一类抽象艺术又包含了两种倾向：（1）如塞尚、克利等艺术家往往以自己对事物的概念为依据，在创作中削砍对象外观中被认为是次要与偶然的形式因素，使艺术形象得以显示被认为是本质的原形；（2）另一些艺术家，如毕沙罗往往以个别、特殊的自然对象为依据，从其自然外观中抽取艺术形象的模式。第二类抽象艺术同样包含两种倾向：（1）一些艺术家的作品具有明显直接的情感表现性质，因此被称为浪漫的、有机的或热的抽象艺术，康定斯基、米罗的作品是这种创作倾向的代表；（2）如马列维奇、蒙德里安等艺术家在作品中展现的是一些冷静、规则的几何构成。它们不包含直接的情感表现意味，因此被称为古典的、几何的和冷的抽象艺术。现代抽象艺术运动在整体上是对欧洲模拟自然的传统的反叛，它对现当代美术发展产生了广泛的影响。

超现实主义

超现实主义是第一次世界大战以后在法国兴起的社会思潮和文艺运动，影响波及欧洲各国，范围涉及文学、美术、戏剧、音乐等各个领域。它从达达主义中吸收了反传统和自动性创作的观念，克服了达达主义否定一切的致命弱点，有比较肯定的信念和纲领，作为美术运动，在两次世界大战期间传播最广。超现实主义受弗洛伊德潜意识理论的影响，致力于探讨人类经验的先验局面，试图突破符合逻辑与实际的现实观念。把现实观念与本能、潜意识和梦的经验相糅合，以达到一种绝对的和超现实的情境。这种不受理性和道德观念束缚的美学观念，促使艺术家们用不同手法来表现原始的冲动和自由意象的释放，呈现在画面上的是一种脱离自然、不合常理的荒诞形象。超现实主义对西方现代美术运动有一定的积极意义，虽然它有浓厚的唯心主义色彩。此派代表画家有达利、米罗、马宋、马格利特、恩斯特等。

达·芬奇和他的绘画

列昂纳多·达·芬奇（1452～1519）是意大利文艺复兴时期的画家、科学家。

名画《最后的晚餐》

达·芬奇出生于佛罗伦萨附近的芬奇镇，15 岁学艺，1472 年加入佛罗伦萨画家行会。15 世纪 70 年代中期个人风格已趋成熟。达·芬奇的创作活动以 1482 年为界可以概括为两个阶段——早期创作和盛期创作。早期的创作，以 1481 年的《博士来拜》为代表，这幅作品虽然没有完成，却是一幅有划时代意义的名作，标志着达·芬奇艺术风格的成熟，预示着盛期文艺复兴风格的到来。盛期的代表作品有《岩间圣母》、《最后的晚餐》和《蒙娜丽莎》，这些作品奠定了达·芬奇在世界美术史上“巨匠”的地位。达·芬奇一生完成的作品不多，但件件都是不朽之作。他的素描习作和笔记插图不仅数量上远比正式的作品多，而且在艺术水平上也同样达到了极高的境地，被誉为素描艺术的典范。达·芬奇最负盛名且广为人知的作品是《最后的晚餐》和《蒙娜丽莎》。

趣味点击　蒙娜丽莎

蒙娜丽莎》是一幅享有盛誉的肖像画杰作。它代表达·芬奇的最高艺术成就，成功地塑造了资本主义上升时期一位城市有产阶级的妇女形象。画中人物坐姿优雅，笑容微妙，背景山水幽深茫茫，淋漓尽致地发挥了画家那奇特的烟雾状“无界渐变着色法”般的笔法。画家力图使人物的丰富内心感情和美丽的外形达到巧妙的结合，对于人像面容中眼角唇边等表露感情的关键部位，也特别着重掌握精确与含蓄的辩证关系，达到神韵之境，从而使蒙娜丽莎的微笑具有一种神秘莫测的千古奇韵，那如梦似的妩媚微笑，被不少美术史家称为“神秘的微笑”。

《最后的晚餐》是达·芬奇一生创作中最负盛名之作。这幅壁画表现了耶稣在餐桌上向他的十二个门徒宣告“你们中间有一个人出卖了我”时引起的骚动。除叛徒之外的十一个人依其性格而表露出惊恐、愤怒、怀疑、剖白的神色，以手势、眼神和倾身而起显示对耶稣的忠诚与关怀，唯独叛徒犹大

《蒙娜丽莎》

（左起第四人）手握钱袋，颓然后仰，神色慌乱。这些典型性格的描绘与画题主旨密切配合，又与构图的多样统一效果互为补充，促成了世界美术宝库中最称完美的典范杰作的诞生。达·芬奇的《最后的晚餐》具有一种鼓舞人类精神向上的力量，这在前人所画同一题材的作品里是没有的。

《蒙娜丽莎》是达·芬奇最杰出的肖像画，也是文艺复兴时期最杰出的肖像画之一。达·芬奇为此画工作数年，可见对这幅画的加工已超过一般的肖像画，寄托了他对人像的理想典型的创造。画中人物坐姿优雅，笑容微妙，背景山水幽深苍茫，体现了达·芬奇烟雾状笔法的极致。对于面容中眼角唇边等表露感情的关键部位，他特别着重掌握精确与含蓄的辩证关系，达到神韵之境，从而使蒙娜丽莎的微笑含义无穷；再加以背景山水渺茫、宛若梦境，左右两边在透视角度上又有微妙的差别，更增加了画面灵通变幻的气氛。达·芬奇这种臻于完美的生动人像实为人文主义关于人的崇高理想的最光辉的体现。达·芬奇对这幅画珍爱有加，始终随身携带，晚年赴法国时也不离左右。他在法国逝世后此画留在法国，现藏于卢浮宫。

达·芬奇的艺术理论散见于他流传下来的大量笔记中，也集中于他未完成的《画论》一书中。这些著述被认为是文艺复兴时代艺术理论研究的重大成果。

拉斐尔与《西斯廷圣母》

拉斐尔（1483～1520），意大利文艺复兴盛期画家、建筑师。生于乌尔宾诺，其父也是画家。少时从翁勃利亚派画家彼鲁其诺学画。在佛罗伦萨时期吸取15世纪绘画精华并吸收达·芬奇的技法，逐渐形成圆润柔和的风格。用世俗化的描写方法处理宗教题材，所绘圣母抱耶稣像参考使用生活中母亲与幼儿的形象加以理想化。罗马时期

《西斯廷圣母》

(1508～1520) 的主要作品是梵蒂冈教皇宫签字室中的四组壁画：《圣礼的争辩》(神学)、《雅典学派》(哲学)、《巴那斯山》(文艺)、《法律》。他运用历史画的方法处理这些抽象而矛盾的主题，反映了当时教会上层的要求。其他代表作有《西斯廷圣母》、《卡斯提利宾奈像》、《自画像》、《教皇利奥十世像》等。此外，还画有十余幅壁毯正稿和建筑设计图。

《西斯廷圣母》是拉斐尔圣母画中最著名的一幅。它是一幅长达 2.65 米、宽近 2 米的布面油画，画中人物和真人大小相仿，类似祭坛画的圣母像。画面以帷幕初揭的形式展开，圣母怀抱婴孩耶稣从云端走向幕前，两边跪男女两圣徒，图的底部画两天使作顾盼状。圣母、圣徒组成的三角形庄重均衡，圣母和耶稣的体态都在健美之中充满力量，既表现了母亲的幸福，也表现了母爱的伟大，因为圣母自天而降的神情，有献出爱子救世济民之意。这幅圣母像无论在内容还是在形式上都很成功地体现了文艺复兴时代的特色，同时也是拉斐尔典范风格的完美代表，对以后的古典派和学院派都产生了极大影响。

米勒与《拾穗者》

米勒（1814～1875），法国画家。巴比松画派的代表人物。生于农家。曾从德洛罗什学画，后因不满老师的浮华风格和无力负担学费而自学。1849 年定居巴比松村后，从事耕作，补助生活。长期接触他所熟悉的农民，许多重要作品都在此产生。如《拾穗者》、《播种》、《晚钟》、《牧羊女》、《死神与樵夫》和《扶锄的人》等都描绘和歌颂农民的劳动生活和淳朴性格。米勒在法国绘画中确立了真实反映农民日常生活和艰苦劳动的新型风俗，因而被称为农民画家。部分作品中的人物具有宗教感情。画风以质朴凝重富有抒情气氛著称，但直至晚年，他的作品才引起人

《拾穗者》

们的重视。

知识小链接

画风

顾名思义，所谓的画风就是指对于相同的意境用不同的风格表现出来，把自己的理解用艺术手段突显在画面上。

《拾穗者》是写实主义画家米勒创作于1857年的作品。现藏于巴黎卢浮宫。画面描绘了秋天的阳光下，三个农妇在刚收割过的麦田里捡拾麦穗的情景。背景是一个个高耸的麦垛和一辆满载的马车，远处是繁忙的麦场。这三个农妇皮肤黝黑，穿着破旧的衣服，由于正弯腰拾着麦穗而看不到面部表情，但她们的身体如雕塑般坚实有力。整个画面笼罩在一片温暖的金黄色调中。同时，单纯的构图，写实的笔法也与质朴的农民形象非常和谐。这幅画表现了画家对农民深沉而真挚的感情。这幅画初次展出时引起了资产阶级舆论界的广泛注意。有人认为，画家在这里是有政治意图的，画上的农民是抗议者。《费加罗报》上的一篇文章甚至耸人听闻地说："这三个突出在阴霾的天空前的拾穗者后面，有民众暴动的刀枪和1793年的断头台。"资产阶级这种臆测虽然高估了米勒的觉悟，但它至少佐证了这幅画是与生活紧密结合在一起的。

列宾与《伏尔加河上的纤夫》

俄国画家（1844~1930），巡回展览画派的代表。1844年7月24日生于乌克兰的丘古耶夫，1930年9月29日卒于库奥卡拉。1864年入皇家美术学院。1871年在学院毕业生命题创作竞赛中获得金质大奖章。于此同时，开始构思创作《伏尔加河上的纤夫》。1873年，去法国进修，在那里他的油画技巧得到进一步提高，创作了《渔民的女孩》、《祈祷的犹太人》、《巴黎咖啡店》等作品。1876年回到俄国，创作《祭司长》、《库尔斯克省的宗教行列》、《索菲亚公主》、《伊凡雷帝杀子》、《查波罗人写信给苏丹王》、《拒绝临刑前的忏悔》、《意外的归来》和《宣传者被捕》等。

列宾是一位出色的肖像画家，他为同时代的名人作了一系列出色的肖像。其中主要有：《穆索尔斯基肖像》、《斯塔索夫肖像》、《托尔斯泰肖像》等。他还喜欢用一种轻松、欢快的笔调，描绘自己的亲人和亲密的朋友。如《蜻蜓》、《休息》和《秋天的花束》等，是一种类似风俗画的肖像画。列宾后期的作品，如《决斗》、《多么自由》、《果戈理焚稿》以及描写1905年革命事件的油画和铅笔速写稿《红色葬礼》、《在沙皇的绞架附近》、《驱散示威游行》、《1905年10月17日的示威游行》等，已不能与早期作品相比，在绘画语言上已缺乏鲜明的表现力。

拓展思考

《伏尔加河上的纤夫》

《伏尔加河上的纤夫》是伊里亚·叶菲莫维奇·列宾的代表作，也是他的成名作。现收藏于圣彼得堡俄罗斯国立美术馆。

《伏尔加河上的纤夫》

《伏尔加河上的纤夫》是列宾的著名代表作品，收藏于俄罗斯圣彼得堡国立俄罗斯博物馆。画面中绘画的11个饱经风霜的纤夫犹如一组雕刻群像，他们神情各异，但个个生动传神，具有强烈的震撼力。反映了纤夫们即是苦难的生活底层的人们，也是有毅力的生活的强者。作者对伏尔加河的景色也作了很好的布局，使画面具有宏伟深远的感觉。它不仅揭示了现实矛盾，同时肯定了社会的积极力量，使俄国风俗画增添了新的语言。

莫奈与《日出·印象》

莫奈（1840～1926），法国画家。印象画派的创始人之一。印象派的名称，就是当时批评家对他的《日出·印象》一画的嘲笑而来。莫奈开始跟从布丹学习，并接受容金和柯罗的影响之后转向外光的描写，马奈和透纳的作品给了他很大的启发。他曾长期探索光与空气的表现效果；常常在不同的时间和不同的光线下，对同一对象连续作出多幅的描绘，从自然的光色变换中抒发瞬间的感受。代表作品有《睡莲》、《鲁昂大教堂》、《勒·阿弗尔附近海滨的平台》、《帆船》、《伦敦风景》、《花园里的女人们》等。

《日出·印象》

《日出·印象》这幅绚烂缤纷、生动活跃的作品，表现了在勒阿弗尔港口一个多雾的早晨，透过晨雾观看太阳初升的瞬间印象。在晨曦的笼罩下，天空和海水都呈现出一种橙黄和淡紫的色彩。海上和岸边的景物模糊不清：三只小船由近及远，似沉似现，海面平静，水浪轻摇，小船似乎在缓缓地前进，船上的人物依稀可见；远处的吊车、工厂的烟囱，隐隐约约，迷漫在雾气之中，融化在太阳初升时朦胧光色里，生动地表现了日出时的情景。作家把大自然的光线、空气带进画面，增强了绘画的表现力，表现了画家的敏锐感受和运用色彩的高超技巧。作品于 1874 年在印象派举行的第一次联展时展出，有一位评论家在看了画展后，写了一篇文章，借这幅画的题目大加嘲讽，说莫奈等画家是群“印象主义者”。不料，“印象派”这个名称从此在画坛上确立，《日出·印象》成了这一画派的标志。

抽象主义画派创始人康定斯基

康定斯基（1866～1944），俄国画家。抽象主义画派的创始人之一。生于莫斯科，主要美术活动在法国和德国。1910 年开始创作纯抽象的作品，主张绘画应以抽象的点、线、面组成画面，用动感、力感、韵律感和节奏来表现画家的主观情感和“内心需要”，追求绘画中的音乐性、创作过程中的偶然性。他的作品大多以“即兴”、“构图”等为题，并著有《关于艺术的精神》一书，其艺术论点对后来抽象主义的发展有较大影响。

抽象主义大师毕加索

毕加索（1881～1973），西班牙画家，法国现代画派主要代表。出身于图画教师家庭，从母姓毕加索。曾在巴赛罗那和马德里的美术学院学画。1904 年定居巴黎。1907 年后，和画家布拉克一道作立体主义的绘画，主张画家的职责不是借助具体物象来反映现实，而是创造抽象的形来表现所谓科学的真实。采取同时从不同角度表现物象的画法，并用实物（如报纸、火柴盒等）贴在“画面”上，从形式上求奇异。一生画法和风格迭变。早期画近似表现派的主题，表达对乞丐、流浪艺人、演马戏者等人的深切同情；后注目于原

拓展阅读

西班牙

西班牙是一个位于欧洲西南部的国家，西邻同处于伊比利亚半岛的葡萄牙，北濒比斯开湾，东北部与法国及安道尔接壤，南隔直布罗陀海峡与非洲的摩洛哥相望。

《和平鸽》

始艺术，简化形象。1915～1920 年初，画风一度转入写实。1930 年始，又明显地倾向超现实主义。第二次世界大战前后，曾写讽刺诗《弗朗哥的梦想和谎言》并附有插图，还作油画《格尔尼卡》抗议德、意法西斯侵略西班牙，此画结合立体主义、现实主义和超现实主义风格表现痛苦、受难和兽性，是其代表作。1944 年参加法国共产党。后为世界和平大会作《和平鸽》宣传画等。晚期制作了大量雕塑和陶器等，亦有杰出成就。他的作品对西方艺术流派有很大的影响。

现代画家徐悲鸿

徐悲鸿（1895～1953），现代画家、美术教育家。江苏宜兴人。少时刻苦学画，后留学法国。曾携中国近代绘画作品赴法、德、比、意及苏联展览。抗日战争期间，常常以自己的作品在国外展览出售，得到的钱款用于救济祖国难民，并参加民主运动。他长期从事美术教育工作，建国后任中央美术学院院长，中华全国美术工作者协会主席。在绘画创作上提倡“尽精微，致广大”；对中国画，主张“古法之佳者守之，垂绝者继之，不佳者改之，未足者增之，西方绘画可采入者融之”。擅长油画、中国画，尤精素描。人物造型，注重写实，传达神情。曾创作《九方皋》、《愚公移山》等寓有进步思想的历史画。所画花鸟、风景、走兽，简练明快，富有生气，尤以画马享誉中外。画能融合中西技法，而自成面貌。在北京设置“画家徐悲鸿纪念馆”。

徐悲鸿

《田横五百士》是徐悲鸿的成名大作，完成于 1930 年。故事出自《史记·田儋列传》。田横是秦末齐国旧王族，继田儋之后为齐王。刘邦消灭群雄后，田横和他的五百壮士逃亡到一个海岛上。刘邦听说田横深得人心，恐日后有患，所以派使者赦田横的罪，召他回来。《史记·田儋列传》原文这样记载：“……乃复使使持节具告以诏商状，曰：‘田横来，大者王，小者乃侯耳；不来，且举兵加诛焉。’田横乃与其客二人乘传诣洛阳……未至三十里，至尸乡厩置，横谢使者曰：‘人臣见天子当洗沐。’止留，谓其客曰：‘横始与汉王俱南面称孤，今汉王为天子，而横乃为亡虏而北面事之，其耻固已甚矣……’遂自刭……五百人在海中，使使召之。至则闻田横死，亦皆自杀，于是乃知田横兄弟能得士也。”司马迁感慨地写道：“田横之高节，宾客慕义而从横死，岂非至贤。余因而列焉。不无善画者，莫能图，何哉！”可见徐悲鸿作此画是受太史公的感召。

基本小知识

刘邦

刘邦，沛郡丰邑中阳里（今江苏丰县）人，汉族。出身平民阶级，秦朝时曾担任泗水亭长，起兵于沛（今江苏沛县），称沛公。秦亡后被封为汉王。后于楚汉战争中打败西楚霸王项羽，成为汉朝（西汉）开国皇帝，庙号为高祖。

正是有感于田横等人“富贵不能淫，威武不能屈”的“高节”，画家着意选取了田横与五百壮士惜别的戏剧性场景来表现。这幅巨大的历史画渗透着一种悲壮的气概，撼人心魄。画中把穿绯红衣袍的田横置于右边作拱手诀别状，他昂首挺胸，表情严肃，眼望苍天，似乎对茫茫天地发出诘问，横贯画幅三分之二的人物组群，则以密集的阵形传达出群众的合力。人群右下角有一老妪和少妇拥着幼小的女孩仰视田横，眼神满含哀婉凄凉，其雕塑般的体积，金字塔般的构架无疑使我们想起普桑、大卫的绘画。普桑喜用的红、黄、蓝三原色亦在徐的画面中占主导地位，突出了田横与青年壮士之间的对答交流。背影衬以明朗素净的天空，给人以澄澈肃穆的感觉。“高贵的单纯，静穆的伟大”正是德国古典病态学家温克尔曼所提倡的艺术格调。

欣赏徐悲鸿的画时，会发觉画中人物伸展的手臂、踮起的脚尖、前跨的腿、支立着的木棍、阴森锋利的长剑构成了一种画面节奏，寓动于静，透出一种英雄主义气概。当时流行现代主义艺术之风的中国，徐悲鸿坚持关注生活、关注社会的现实主义立场，借历史画来表达他对社会正义的呼唤，这些犹如黑夜中的闪电划亮天际，透出黎明的曙光。

快乐悦读——文化知识

音乐殿堂

KUAILE YUEDU WENHUA ZHISHI

音乐是人类最古老最具有普遍性和感染力的艺术形式之一。音乐以其独特、美妙的艺术魅力伴随人类历史的发展，伴随我们每一天的生活。聆听一场音乐会，会使我们陶醉其中，观看一场歌舞晚会，会使们激动万分。演奏家精湛的表演，令我们羡慕不已，歌唱家动听的歌声，令我们跃跃欲试，这是因为音乐是美的艺术。追求美是人类的天性，高层次的审美追求会使人的精神得到升华，情操受到陶冶，生活也将变得更加丰富而充实。本章就与您一起走进音乐的殿堂，圆您热爱音乐的梦想。

古典音乐

古典音乐有广义、狭义之分。广义是指西洋古典音乐，那些从西方中世纪开始至今的、在欧洲主流文化背景下创作的音乐，主要因其复杂多样的创作技术和所能承载的厚重内涵而有别于通俗音乐和民间音乐。狭义指古典主义音乐，是1750～1820年这一段时间的欧洲主流音乐，又称维也纳古典乐派。此乐派三位最著名的作曲家是海顿、莫扎特和贝多芬。

知识小链接

贝多芬

贝多芬（770. 12. 16—1827. 03. 26），德国作曲家、钢琴家、指挥家。维也纳古典乐派代表人物之一。他一共创作了9首编号交响曲、35首钢琴奏鸣曲（其中后32首带有编号）、10部小提琴奏鸣曲、16首弦乐四重奏、1部歌剧、2部弥撒、1部清唱剧与3部康塔塔，另外还有大量室内乐、艺术歌曲与舞曲。这些作品对音乐发展有着深远影响，因此被尊称为乐圣。

1450年，欧洲音乐开始进入文艺复兴时期，因为当时的欧洲政治很不稳定，教廷的威信与势力开始衰弱，资产阶级萌芽，为了适应当时社会的发展与人们的新思想，音乐开始宣扬以人为本的思想，所以在各个领域里都开始了文艺复兴运动，也就是在那时，欧洲传统的大小调式逐渐形成！

欧洲到了1600年开始，进入了一个大发展的时期——巴洛克时期，那时候不仅产生了象大家所熟知的巴赫、亨德尔等伟大的作曲家，歌剧、协奏曲、奏鸣曲等题材相继被创造发展出来。

当欧洲音乐进入古典时期后，欧洲音乐乐风转向简洁实用的主调，那时候，出现了三位音乐大师："交响乐之父"海顿，"神童"莫扎特，以及"乐圣"贝多芬！音乐的主题也从延续几个世纪的宗教音乐，逐渐变成富有丰富哲理内涵的古典音乐！

浪漫主义音乐

浪漫主义音乐是古典主义音乐的延续和发展，是欧洲音乐史上的一种音乐风格或者一个时代。浪漫主义风格音乐注重情感和内容的表达，打破古典主义音乐时期的种种形式上的束缚。

贝多芬是古典主义音乐的终结者，也是浪漫主义音乐的现行人。浪漫主义音乐摒弃了古典主义音乐的以旋律为主体的统一性，强调多样性，发展和声的作用，对人物性格的特殊品质进行刻画，更多地运用转调手法和伴音。浪漫主义歌剧的代表是韦伯，音乐的代表是舒伯特。浪漫主义音乐体现了影响广泛和民族分化的倾向，出现了法国的柏辽兹、意大利的罗西尼、匈牙利的李斯特、波兰的肖邦和俄罗斯的柴科夫斯基。浪漫主义音乐终结在瓦格纳和勃拉姆斯时代。

趣味点击

柴可夫斯基的爱情故事

柴可夫斯基性格内向而且脆弱，感情丰富，与崇拜自己的女学生的婚姻破裂后，企图自杀，他的朋友把他送到外国疗养。这期间开始和一个热爱音乐的梅克夫人通信。后来梅克夫人成为他的资助人，他后阶段的许多作品都是献给这位夫人的。但奇妙的是两个人从来没有见过面。当他们十四年的书信往来因为这位夫人宣布公司破产而终止时，柴科夫斯基受到了很大的打击，在独自度过忧郁的三年后于莫斯科去世。

巴洛克音乐

巴洛克音乐是指 17 世纪初叶至 18 世纪中叶这一时期的欧洲音乐文化。“巴洛克”一词源自葡萄牙语，原意指“珍珠的怪异的、不规则的形状”。在 18 世纪中叶，“巴洛克”一词在欧洲的艺术史和艺术批评中被使用。开始主要用于评价 17 世纪意大利的建筑风格。它含有贬义，认为那种热烈、华丽、装饰性的风格，对于追求古代艺术的质朴和严谨的文艺复兴艺术来说，是一种退化和堕落。后来，德国音乐家萨克斯将“巴洛克”一词运用到音乐史学中，概括这一时期音乐的风格特征。这个提法得到认同。于是巴洛克音乐就作为音乐史中一个特定的风格或时期被确定下来。

印象主义音乐

印象主义音乐产生于 19 世纪末，是受“象征主义文学”和“印象主义绘画”的影响而出现的一种音乐流派。印象主义音乐带有一种完全抽象的、超越现实的色彩，是音乐进入现代主义的开端。印象主义音乐并不通过音乐来直接描绘实际生活中的图画，而是更多地描写那些图画给我们的感觉或印象，渲染出一种神秘朦胧、若隐若现的气氛和色调。在乐曲的形式上多采用短小的、不规则的形式，以便更好地体现出印象主义音乐较为自由的特点。

印象主义音乐盛行的时间不长，它很快就被更加激进及富于变化的现代音乐所代替，但印象主义音乐却是音乐发展史上一个非常重要的阶段，从此音乐艺术开始了一个具有根本意义的转变。正因为如此，印象主义音乐才得到了重视，其艺术性与重要性也被越来越多的人们所理解与承认。

新古典主义音乐

20 世纪的音乐运动，反对 19 世纪末 20 世纪初过分夸张、多愁善感、充斥变音的浪漫主义音乐，强调结构清晰、配器恬淡和意态冷静，回到 18 世纪（特别是巴赫）那样尊重对位和紧凑的曲式。最著名的代表人物是俄罗斯作曲家斯特拉文斯基（1882～1971）。

“音乐之父”巴赫

巴赫（1685～1750），最伟大的德国作曲家之一，以创作《勃兰登堡协奏曲》、《b 小调弥撒曲》、《平均率钢琴曲集》以及大量的教堂音乐和器乐曲而著称。他把前人发展起来的主要风格、形式和传统概括地加以研究并汇集在一起，使之更加丰富多彩。他的先辈世代均为乐师，他的四个儿子均为作曲家，使得巴赫家族在德国音乐史上颇具传奇色彩。

拓展阅读

交响曲

交响曲是器乐体裁的一种，是管弦乐队演奏的包含多个乐章的大型（奏鸣曲型）套曲。源于意大利歌剧序曲，海顿时定型。基本特点为：第一乐章快板，采用奏鸣曲式；第二乐章速度徐缓，采用二部曲式或三部曲式等；第三乐章速度中庸或稍快，为小步舞曲或诙谐曲；第四乐章又称“终乐章”，速度急速，采用回旋曲式奏鸣曲式等。

“神童”莫扎特

莫扎特（1756～1791），奥地利天才作曲家，维也纳古典乐派的中心人物。自幼聪慧，5 岁即开始作曲并演奏羽管键琴和小提琴。1762 年由父带领赴慕尼黑、维也纳等地巡回演出。10 岁在巴黎出版首批作品：四首小提琴协奏曲（作品 6～9）。他的大部分作品未能在生前出版，因而未能创立自己的学派，直到浪漫派时期，才和巴赫、贝多芬一起被人崇敬。其音乐之完美至今令人赞叹，特别是他歌剧中的人物，塑造得栩栩如生，并随剧情而发展变化。主要作品有：歌剧《后宫诱逃》、《费加罗的婚礼》、《魔笛》等；交响曲《哈夫纳交响曲》、《布拉格交响曲》、《降 e 大调（作品 543）》等。

“乐圣”贝多芬

贝多芬（1770～1827），德国作曲家，被公认为是有史以来最伟大的作曲家。其作品集古典音乐之大成，开浪漫主义音乐之先声。比任何前辈都更鲜明地揭示：音乐可以不借助语言文字而传达一种人生哲学。在音乐形式方面是主要的革新者，拓展了奏鸣曲、交响曲、协奏曲和四重奏的范围。在个人生活方面，则表现出对厄运不屈不挠的斗争精神。30岁前患有耳疾，并逐年加重，49岁时听觉全部丧失，从此把大部分精力用于作曲。一生创作极为丰富，诸如《月光奏鸣曲》、《第三（英雄）交响曲》、《第六（田园）交响曲》等，都是脍炙人口的不朽之作，但以《第五（命运）交响曲》》和《第九（合唱）交响曲》对后人的影响最为深远。

贝多芬

《第五交响曲》又称《命运交响曲》，是古典乐派德国伟大作曲家贝多芬1805年完成的。这正是贝多芬异常痛苦的时期，个人恋爱上的受挫和耳聋日益严重使贝多芬几乎绝望了。在这样的情况下，贝多芬以惊人的毅力和顽强的斗志，完成了这部伟大的作品。《命运交响曲》是一首光明战胜黑暗的壮丽凯歌，揭示了人生所遇到的失败和胜利、痛苦和欢乐。全曲共分四个乐章，第一乐章奏鸣曲式，体现了作者一生与命运搏斗的思想。贝多芬在回答他的学生兴德勒时说，第一乐章的主题思想是“命运的敲门声”。乐曲一开始就冲出了强劲有力的命运敲门式的动机，在这一动机基础上发展出惊惶不安的第一主题。

直到圆号吹出由命运动机变化而来的号角音调，才引出明朗、抒情的第二主题。

这一安谧温暖的主题似乎表现人们面对严酷的命运，表现出一种无可奈何的心情与对幸福的憧憬。但是这样的安宁场面并不长久，执拗的命运动机并没有消失，它只是暂时躲在第二主题的低声部。随着命运叩门声的重新出现，在展开部，这两个主题展开了激烈的、戏剧性的斗争，威风凛凛的命运暂时占了上风。命运动机不仅是第一乐章的核心，而且贯穿全剧始终。第二乐章是一首辉煌的抒情诗，体现了人的感情体验的复杂世界。第一主题抒情、安详，充满内在的热情，由中提琴和大提琴拉出；第二主题由铜管乐器吹出英雄豪迈的凯旋进行曲。第三、第四乐章没有间歇，表示决战前夕各种力量的对比和群众欢庆胜利的场面。当乐曲发展到高潮时，狂欢突然中断，又响起了早已丧失元气的命运动机的威吓声，辉煌的第四乐章的第一主题再次响起，这场与命运的决战终于以光明的彻底胜利而告终。这部交响乐是贝多芬全部交响乐创作中最有代表性的一部。

“歌曲之王”舒伯特

舒伯特（1797～1828），19世纪初期奥地利主要作曲家之一，以优美的旋律闻名于世。其音乐主观上是属于感情的浪漫主义风格，实际上却属于古典主义范畴。一生写了大量歌曲、合唱曲、室内乐等，其中歌曲是舒伯特有特殊成就的创作领域。1824年后贫病交加，但创造力仍极为旺盛。1827年贝多芬的逝世对他极有影响，使他在最后的器乐曲中表现出更高的境界，尤其在《降B大调钢琴三重奏》（1827）和《C小调钢琴奏鸣曲》（1826）中，表现出对贝多芬的崇敬，但他自己的坚强个性也从未被淹没。1828年创作的《C大调第九交响曲》，气势磅礴、英勇豪迈，标志着舒伯的特创作高峰。其主要作品还有：《魔王》（1815）、《流浪者》（1816）、《鳟鱼》（1819）及《美丽的磨坊女》（1823）等。

“钢琴诗人”肖邦

肖邦（1810～1849），波兰作曲家和钢琴家。其创作以钢琴作品为主，且多为小型乐曲。但卓越的想象力及精湛的技巧使他成为世界最伟大的音乐诗人之一。他的音乐灵感源于自己和波兰的悲剧性经历，旋律独具个性，表达了内心深处不仅仅是伤感的感情。其作品虽有浪漫主义的本质，亦有古典的纯真和分寸，丝毫没有浪漫主义的表现癖好。主要作品有：《f 小调第二钢琴协奏曲》、《f 小调幻想曲》及《b 小调奏鸣曲》等。

广角镜

钢琴的起源

钢琴的起源，最早可追溯到古埃及与古希腊的弦什（一弦琴）。将弦什的琴弦不断增加，逐渐形成了多弦乐器。进而多弦乐器又演变成两种演奏形式的乐器。一是以手指拨动琴弦发音的多弦乐器。后与键盘结合成为拨弦古钢琴。另一种是以手指拨动琴键，装置于键尾的小槌击弦发音的古钢琴。这两种乐器都是现代钢琴的鼻祖，故统称之为古钢琴。

“歌剧大师”威尔地

威尔地（1813～1901），意大利歌剧作曲家。1836 年作歌剧《奥贝托公爵》，但未能上演，3 年后才由拉斯卡拉歌剧院演出并获成功。1840 年歌剧《一日王》仅演一场即告失败。1842 年《纳布科》首演获巨大成功并从此立足乐坛。其三部名作《弄臣》（1851）、《游吟诗人》（1853）及《茶花女》（1853）相继问世后，他成为意大利家喻户晓的歌剧作曲家。1871 年所作《阿伊达》，在刻画人物及运用乐队手法之精巧程度方面，达到登峰造极的境界。晚年的成功歌剧还有《奥瑟罗》（1887）和《福斯塔夫》（1893）。

“圆舞曲之王”约翰·施特劳斯

约翰·施特劳斯（1825～1899），又称小施特劳斯，奥地利作曲家，老施特劳斯之子。有“圆舞曲之王”之称，一生创作了近500首舞曲，其中150多首是圆舞曲，以具有旋转舞步的快速率动为特征，世称“维也纳圆舞曲”。其中《蓝色多瑙河》、《维也纳森林故事》、《艺术家的生活》等流传甚广。《蓝色多瑙河》被称为“奥地利第二国歌”。

《蓝色的多瑙河》渗透着维也纳人热爱家乡的情意。然而这首充满生命活力和爱国之情的圆舞曲，最初是应维也纳男声合唱协会的请求创作的合唱圆舞曲，作曲家受到诗人卡尔·贝克的一句诗的感染：“真情就在那儿苏醒，在多瑙河边，在那美丽、蔚蓝色的多瑙河边。”

他找到了这首名曲的灵感，经人填词，于1867年2月13日演出，效果一般。半年以后，他将这首合唱圆舞曲改编成管弦乐曲，在巴黎国际博览会上演出获得真正成功。乐曲按典型的维也纳圆舞曲结构：序奏—5首小圆舞曲—结束部写成的。序奏一开始圆号在小提琴震音的衬托下吹出主题动机，使人联想起黎明的曙光拨开了河面上的薄雾，森林倒影在静静流淌的多瑙河上，接

趣味点击　留住灵感的方法

灵感往往“采不可遏，去不可止”，如不及时捕捉，就会跑得无影无踪。因此，必须随身携带纸和笔，一但有灵感就随时记录下来。英国著名女作家艾丽·勃朗特年轻时，除了写作，还要承担繁重的家务劳动。她在厨房煮饭时，总是带着笔和纸，一有空隙，就立刻把脑子里涌现出的思想写下来。大发明家爱迪生、大画家达·芬奇等也都是这样，他们经常随手记下自己在睡前、梦中、散步休息时闪过头脑的每个细微意。

下来是5首连在一起演奏的小圆舞曲。在每一首小圆舞曲中都体现出了在无比美好的大自然里，在美丽的多瑙河两岸，春天来了，人们欢欣、舒畅，尽情舞蹈。结束部再现了几个小圆舞曲的某些段落，最后在热烈欢腾的气氛中结束全曲。这首既有民族风格又有高度艺术性的乐曲，体现了一种奥地利人特有的品格，正如汉斯立克所说："不管奥地利人相逢在世界何处，这首没有歌词的《马赛曲》，就是他们无形的身份证。"

"指挥之王"卡拉扬

赫伯特·冯·卡拉扬（1908～1989），生于奥地利萨尔茨堡，是当代最杰出的指挥家。卡拉扬5岁就掌握了惊人的钢琴演奏技巧，作为"神童"也轰动了萨尔茨堡。卡拉扬的指挥气势宏伟、强调理性，技术精炼，热情洋溢，对乐曲处理细腻精致，与乐队配合得水乳交融，他那惊人准确的指挥技巧与指挥风格深刻地影响了新一代指挥家。他长期指挥的柏林爱乐乐团是世界首屈一指的最高水平乐团，只有维也纳爱乐乐团可与其媲美。卡拉扬指挥的作品很多，是指挥贝多芬、勃拉姆斯、舒曼、瓦格纳、威尔第、布鲁克纳和理查·施特劳斯等人作品的顶级人选。

帕格尼尼

"小提琴魔术师"帕格尼尼

尼科罗·帕格尼尼(1782～1840)，生于意大利北部的良港热亚那，是意大利小提琴家、作曲家，被称为"小提琴魔术师"，最辉煌的成就在于演奏自己的作品。他身材瘦长，拉琴时情绪激越，如痴如醉。在创作方面，帕格尼尼也是一位惊世天才。他的 24 首随想曲就被不少伟大作曲家借用主题，写下变奏曲，广为流传。但是帕格尼尼生前并不愿意公开自己的作品。也许是不想让其他人演奏，他甚至将第一小提琴协奏曲移调记谱，以增加其技巧的神秘性，直到 20 世纪才被发现和整理出来。20 世纪乃至今天的小提琴演奏家无一不以演奏、录制帕格尼尼 6 首小提琴协奏曲为至高的荣耀。

“进行曲之王”苏萨

约翰·菲力浦·苏萨（1854 ~1932），生于美国，是著名的作曲家、军乐指挥家。他 10 岁起学习小提琴与和声学，16 岁即指挥乐队在剧场和影院中演出，曾任美国海军陆战队军乐队领队、美国海军乐队总指挥；4 次率自己组织的乐队赴欧洲巡回演出。他一生作有大量的军乐曲和轻歌剧、歌曲等，对美国铜管乐的发展起到了重大的推进作用，被誉为“进行曲之王”。他所作的军乐曲中最著名的有：《星条旗永不落》、《棉花王》、《华盛顿邮报》及《越过海洋的握手》等。

拓展阅读

军乐

军乐是由铜管乐、木管乐、打击乐组成的，以集体合奏为主要表演形式（还有重奏、齐奏和独奏），气势恢弘壮观，乐曲浑厚流畅，给人以强烈感染和鼓舞的一种高雅音乐艺术。

“交响乐之父”海顿

弗朗茨·约瑟夫·海顿（1732 ~ 1809），生于奥地利南方靠近匈牙利边境风景秀丽的罗劳村，逝世于维也纳。海顿在世界音乐史上影响巨大，他是维也纳古典乐派的第一位代表人物，一位颇具创造精神的作曲家。海顿对古典音乐的主要贡献是交响曲和四重奏，由于他对于交响曲体裁的形成和完善作出了巨大贡献，因此被人们称为“交响乐之父”。他一生创作了约 125 部交响曲、80 余首弦乐四重奏、52 首钢琴奏鸣曲、35 首钢琴三重奏、50 余首各类协奏曲、24 部歌剧、8 部清唱剧以及大量小型的声乐和器乐作品。其代表作有：交响曲《告别》、《牛津》、《惊愕》、《军队》、《时钟》及《鼓声》等，清唱剧《创世纪》和《四季》。

“标题音乐大师”柏辽兹

赫克托·路易·柏辽兹（1803～1869），生于法国南部一个小镇，是著名的浪漫主义音乐家。柏辽兹的《幻想交响曲》开创了浪漫主义标题交响曲的先河，为交响乐的发展开辟了新途径。标题使乐曲的音乐形象更加具体和文学化，使交响曲成为易被大众理解的体裁。在交响乐创作中，他运用“固定乐思”的手法表达主要人物的性格或感情的性质，并丰富了配器手法，从而极大地增强了音乐的表现力。他著的《配器法》一书已成为音乐技术理论的经典文献之一。其代表作有《葬礼与凯旋交响曲》，管弦乐《罗马狂欢节序曲》、《李尔王序曲》、《海盗序曲》，歌剧《本维努托·切里尼》、《阿尔瑟斯特》及《特洛伊人》，传奇剧《浮士德的沉沦》等。

李斯特

“钢琴之王”李斯特

弗朗兹·李斯特（1811～1886），生于雷定，是匈牙利杰出的作曲家、钢琴演奏家。李斯特把钢琴看作万能乐器，作有19首匈牙利狂想曲、12首高级练习曲、几百首钢琴改编曲及其他作品。他的演奏风格华丽辉煌，气势宏大，充满着强烈的艺术魅力，在钢琴上创造了管弦乐的效果，大大开拓了钢琴的艺术表现力。在音乐上他主张标题音乐，并于1850年首创了交响诗这一音乐体裁，共创作了《普罗米修斯》等53首交响诗。李斯特虽然早年就离开了自己的祖国——匈牙利，侨居欧洲多年，但他是一位爱国主义者。他非常关心本国人民的民族解放斗争，关心本民族文化和人民的生活。他运用匈牙利民间音乐旋律谱写了许多与匈牙利历史题材有关的作品，以表达自己对祖国的怀念之情，如《匈牙利狂想曲》、《匈牙利英雄进行曲》等。由于李斯特在钢琴演奏技法和钢琴曲创造上的杰出成就，人们称他为“钢琴之王”。

知识小链接

管弦乐

管弦乐团按乐器的不同可分为弦乐组、木管组、铜管组、打击组。著名的管弦乐团有维也纳管弦乐团，柏林爱乐乐团等。管弦乐通常以管弦乐套曲形式表演，管弦乐套曲通常含三至四个乐章，各个乐章表达的音乐情感不同，使整个管弦乐音乐作品的统一性和完整性比其他形式的重奏曲、小夜曲、奏鸣曲更能显出强烈的音乐效果。

聂耳与《义勇军进行曲》

聂耳（1912～1935），中国作曲家，自幼爱好音乐，能奏多种民族乐器。中学时代即加入中国共产主义青年团，参加革命活动，1933年加入中

聂 耳

国共产党。此后，积极参加左翼音乐、戏剧、电影等工作，从事创作及艺术评论活动。1935 年拟赴苏联，取道日本，在神奈川县藤泽市鹄沼海滨游泳时，不幸溺水身亡。作有歌曲《义勇军进行曲》、《毕业歌》、《大路歌》及《铁蹄下的歌女》等 30 余首，集中体现了旧中国工农群众在阶级压迫下的苦难和反抗，以及“九一八”事变后中国人民抗日救国的坚决意志。其中，《义勇军进行曲》于 1949 年 9 月经中国人民政治协商会议第一届全体会议决议，作为中华人民共和国国歌未正式制定前的国歌，1982 年 12 月 4 日经中华人民共和国第五届全国人民代表大会第五次会议决议，成为中华人民共和国国歌。

冼星海与《黄河大合唱》

冼星海（1905 ~ 1945），中国作曲家，广东番禺人。先后在岭南大学预科、北京艺专音乐系、上海国立音乐学院及法国巴黎音乐学院学习音乐。1935 年归国参加抗日救亡音乐活动。1938 年赴延安，翌年任鲁艺音乐系主任，同年加入中国共产党。1945 年病逝于莫斯科。作品有《黄河大合唱》、《生产大合唱》等四部。现存歌曲有《到敌人后方去》、《游击队歌》、《在太行山上》等 250 余首。他继聂耳之后，以更广泛的题材、体裁和更丰富的艺术手法表现中国人民的解放斗争，对全国抗日军民起了鼓舞作用，其代表作《黄河大合唱》影响尤为广泛。

《黄河大合唱》包括一个序曲和八个乐章，以朗诵和乐队背景音乐将之串联一起，八个乐章分别为：一、《黄河船夫曲》；二、《黄河颂》；三、《黄河之水天上来》；四、《黄水谣》；五、《河边对口唱》；六、《黄河怨》，七、《保卫黄河》；八、《怒吼吧！黄河》。八个乐章各具独立性，相互之间在内容、形式上都有鲜明的对比，连在一起又非常严密，具有很高的艺术成就。

爵士音乐

产生于 19 世纪末期，是西非黑人被贩卖到美国、远离其自然环境所产生和发展起来的一种音乐表现形式。它是演奏者根据某种规定的和声骨架与节奏律动，对某个旋律进行变奏。一般而言，在爵士乐中，演奏者往往就是作曲者，因此演奏者往往不是表达主题，而是利用主题来表达自己的意图，而在传统音乐中，演奏者总是力求表达原作与原作曲者的思想。爵士乐的西非属性带来了许多欧美音乐中不存在的独特手法，如音阶中第 3 音、第 7 音都降低半音，这是爵士乐音乐语言的基础。

拓展思考

爵士乐

爵士乐是一种起源于非洲的音乐形式，由民歌发展而来。爵士乐以多种形式呈现出繁荣景象，其乐曲风格极其耀眼，节奏一般以鲜明，强烈为主。

偶然音乐

偶然音乐是 20 世纪的一种音乐，用来形容那些在其中有明确规定的即兴演奏范围的作品。作品中的不明确因素由演奏者自行处理。偶然音乐中的不明确部分通常有两种方式：一是演奏者自己去安排乐曲的结构，如重排乐曲各部分的顺序或按照演奏者的愿望同时演奏几个部分；二是乐谱上夹注一些说明，如演奏者该在何处进行即兴演奏或者甚至要做一些戏剧性的姿势。

流行音乐

流行音乐亦称通俗音乐，介于民间音乐与艺术音乐之间的音乐品种。其特点在于：流行音乐主要产生于城市，由专业音乐人所创作，一般通过口头传播。流行音乐大多取材于日常现实生活。声乐作品以爱情歌曲居多，而器乐作品以舞曲和改编曲居多。由于面向一般市民群众，所以即使是较严肃或具有悲剧性内容的作品，也往往用较轻松的笔触来陈述，表现手法和艺术风格都很自由，富于变化。一般而言，像爵士音乐、乡村音乐、摇滚音乐、迪士科、霹雳舞等等均属于流行音乐的范畴。

广角镜

迪斯科的特点

迪斯科舞蹈活动量大，音乐节奏强烈。是一种没有规定动作的即兴式自由舞蹈，跳舞者同时也是音乐的欣赏者，他们会首先沉迷在音响之中，并随着音乐的强烈而急剧的节奏，舞动，没有规定的步伐，而是根据节奏的变化即兴地做出不同的身体动作，自由奔放，跳出自已。跳舞人数可男女成对而舞，也可集体同舞，与众同乐。

通俗歌曲

通俗歌曲又称流行歌曲。特指用通俗唱法演唱的歌曲，以区别于用美声唱法演唱的艺术歌曲和用民族唱法演唱的民间歌曲。一般说来，通俗唱法较强调演唱者本人的自然嗓音，要求吐字清晰，以情动人。但也有结合应用美声唱法和民族唱法的。

歌 剧

歌剧是将音乐（声乐与器乐）、戏剧（剧本与表演）、文学（诗歌）、舞蹈（民间舞与芭蕾）、舞台美术等融为一体的综合性艺术，通常由咏叹调、宣叙调、重唱、合唱、序曲、间奏曲、舞蹈场面等组成（有时也用说白和朗诵）。

早在古希腊的戏剧中，就有合唱队的伴唱，有些朗诵甚至也以歌唱的形式出现；中世纪以宗教故事为题材，宣扬宗教观点的神迹剧等亦香火缭绕，持续不断。但真正称得上“音乐的戏剧”的近代西洋歌剧，却是16世纪末、17世纪初，随着文艺复兴时期音乐文化的世俗化而应运产生的。

歌剧源于16世纪末的意大利，以后逐渐流行欧洲各地。意大利的卡契尼等人完成了第一部作品《达芙尼》。世界上第一次歌剧演出是在法国。在1600年，法国国王亨利四世与佛罗伦萨著名的梅迪奇家族的玛丽亚·梅迪奇结婚。为了表示祝贺，意大利著名诗人利努西里写了长诗《欧律狄斯》（欧律狄斯是希腊神话中歌手阿乐普斯的妻子）。作家伯里和卡契尼给这首长诗配了乐曲并编为歌剧。在歌剧中，他们大胆突破传统的戏剧形式，把音乐、诗歌、舞蹈等艺术集合到一起，并突出歌唱，创造了世界第一部歌剧《伏丽狄西》。此剧公开演出后，获得了很大成功，人们广泛接受了这一新的艺术形式。歌剧以意大利为中心兴盛起来。

17世纪上半叶，由于欧洲第一所歌剧院在意大利威尼斯揭幕，以及歌剧大师蒙特威尔第在歌剧创作上在发展和创新，把人在感情生活从教会和封建束缚中解放出来，使歌剧大大跨进了一步。17世纪末，以亚斯卡拉蒂为代表的那不勒斯歌剧乐派，创立了完整的咏叹调和美声艺术，这种意大利式的歌剧影响达100年之久。以后，在较长的一段时间内，欧洲各国作曲家根据自己国家的文化和民族特点，将意大利剧按本民族方式加以改造。

趣味点击　美声唱法

美声唱法产生于17世纪意大利的一种演唱风格。以音色优美，富于变化；声部区分严格，重视音区的和谐统一；发声方法科学，音量的可塑性大；气声一致，音与音的连接平滑匀净为其特点。这种演唱风格对全世界有很大影响。

《费加罗的婚礼》

《费加罗的婚礼》四幕喜歌剧，取材于奥地利被禁演的博马舍的话剧。改编后的剧本削弱了原剧对封建社会的抨击，增添了抒情性的描写。这部歌剧热情地歌颂了以费加罗、苏珊娜为代表的“第三等级”人们的正直、勇敢、机智的品质，揭露和讽刺了以伯爵为代表的封建贵族的骄奢和虚伪。歌剧的序曲高度概括了全剧的喜剧欢乐气氛，音乐材料虽然不是来自歌剧，但从中可以感受到费加罗和苏珊娜的机智、美丽的形象。这个序曲采用省略发展部的奏鸣曲式，一开始小提琴奏出疾走如飞的第一主题，然后转由木管乐器咏唱。呈示部的小结尾还出现了新的优美、细腻的旋律。

序曲言简意赅，很好地体现了这部歌剧所特有的轻松和欢乐，它那进展神速的节奏充满了生活的动力。这部歌剧的序曲常常脱离歌剧单独在音乐会上演奏，深受人们的欢迎。在这部歌剧中还有一些久唱不衰的唱段，费加罗咏叹调《不要再去作情郎了》就是一首流传极广的男中音独唱曲。伯爵的书童凯鲁比诺是个风流少年，伯爵调他去担任卫兵军官时费加罗唱这首歌送给他，音乐具有进行曲风格，采用回旋曲式 ABACA 的形式，第二插部快速地反复同一个音调，表现出诙谐、幽默、俏皮的特点。

拓展阅读

音调

声音频率的高低叫做音调。音调主要由声音的频率决定，同时也与声音强度有关。对一定强度的纯音，音调随频率的升降而升降；对一定频率的纯音、低频纯音的音调随声强增加而下降，高频纯音的音调却随强度增加而上升。

这首费加罗咏叹调非常有名，很多著名的歌唱家都演唱过，它还常常作为音乐会独唱曲目演出，深受世人的喜爱。

《卡门》

《卡门》近百年来各国上演最多的歌剧经典作品之一。在这部歌剧中现实主义得到深化，社会底层的平民小人物成为作品的主角。在音乐中把浓郁的民族色彩，个性鲜明的音乐语言，以及法国喜歌剧传统的表现手段熔于一炉，创造了 19 世纪法国歌剧艺术最高成就。

歌剧《卡门》是根据法国 19 世纪批判现实主义作家梅里美的同名小说改编的。主人公烟厂女工卡门是一个漂亮而有性格的吉卜赛姑娘，她爱上了军曹霍塞。霍塞被卡门的魅力所吸引，抛弃了原来的情人。为了讨得卡门的欢心，霍塞离开军队，加入了卡门所在的走私贩行列。当他发现卡门不再爱他，又爱上了斗牛士时，霍塞难以忍受，最终杀死了倔强的卡门。这部歌剧的序曲由三个部分组成：热烈的西班牙节日主题；斗牛士主题；悲剧性的卡门主题。

乐曲一开始由木管、铜管和弦乐奏出嘹亮热烈的进行曲风格的第一主题。它色彩明朗，情绪欢快，不可抑制的欢乐、热闹气氛把人们带到了西班牙赛维勒斗牛场中。接着乐队以轻盈的力度奏出了充满豪爽傲气的斗牛士的主题，铜管乐器则为之提供坚定、潇洒和兴高采烈的节奏背景，体现了一种胜利的英雄性色彩。在弦乐器的颤奏背景下，卡门的悲剧性主题以缓慢的速度在乐队的低声部中呈现，这是一个有凶兆的令人难忘的命运动机，同时也预示了歌剧的悲剧结局。

广角镜

铜管乐器的发音方式

铜管乐器的发音方式与木管乐器不同，它们不是通过缩短管内的空气柱来改变音高，而是依靠演奏者唇部的气压变化与乐器本身接通“附加管”的方法来改变音高。所有铜管乐器都装有形状相似的圆柱形号嘴，管身都呈长圆锥形状。铜管乐器的音色特点是雄壮、辉煌、热烈，虽然音质各具特色，但宏大、宽广的音量为铜管乐器组的共同特点，这是其它类别的乐器所望尘莫及的。

在这部歌剧中，各种体裁各种风格的合唱有10多首，色彩缤纷，引人入胜。卡门所唱的《爱情就像一只不驯服的鸟》和《西班牙塞吉第亚舞曲》是非常出色的唱段。前者以连续下滑的乐句不断反复，调性游移在同名大小调之间，表现了卡门热情、倔强、诱人的形象；后者以鲜明活泼的节奏，带有野气咏叹性的旋律，进一步显示了卡门热情、泼辣的性格。《斗牛士之歌》是斗牛士答谢欢迎他的群众而唱的一首歌，音调雄壮有力，好似一首凯旋的进行曲。歌剧中还有一些富有戏剧性的卓越的重唱。

《茶花女》

《茶花女》是广大中国观众和读者所熟悉的一部作品，是三幕歌剧。剧本是皮阿威根据法国小仲马的同名悲剧改编而成，由威尔第作曲，皮亚维作词，1853 年 3 月 6 日首演于威尼斯凤凰剧院。音乐以细微的心理描写、诚挚优美的歌词和感人肺腑的悲剧力量，集中体现了威尔第歌剧创作中期的基本特点。虽然由于各种社会原因而遭到失败，但它很快就得到了全世界的赞誉，被认为是一部具有出色艺术效果的巨著，并由此成为各国歌剧院中最受欢迎的作品之一。难怪《茶花女》的原作者小仲马要说：五十年后，也许谁也记不起我的小说《茶花女》了，但威尔第却使它成为不朽。剧本对被侮辱与被损害的弱者表示了深切的同情，对压迫下层市民的资产阶级偏见与世俗势力作了一定程度的揭露。它不仅饱含感情地写出了玛格丽特的不幸遭遇，为她的悲剧结局而叹息，而且突出了她那善良真诚的品格与崇高的自我牺牲精神。玛格丽特是一个沦落风尘但心地纯洁的女性形象。

歌剧《茶花女》舞台照

《茶花女》的意大利名称为 Traviata，原意为“一个堕落的女人”（或“失足者”），一般均译作“茶花女”。歌剧描写了 19 世纪上半叶巴黎社交场上一个具有多重性格的人物——玛格丽特。她名噪一时，才华出众，过着骄奢淫逸的妓女生活，却并没有追求名利的世俗作风，是一个受迫害的妇女形象。虽然她赢得了阿尔弗雷德·阿芒的爱情，但她为了挽回一个所谓体面家庭的“荣誉”，决然放弃了自己的爱情，使自己成为上流社会的牺牲品。

《弄臣》

《弄臣》是四幕歌剧，是威尔第的又一力作。《弄臣》又名《利哥莱托》，完成于1851年，同年首演于威尼斯，剧本由波亚维根据雨果的名著《国王寻乐》改编。

剧情梗概：主人公利哥莱托貌丑背驼，在孟图阿公爵的宫廷中当一名弄臣。公爵年轻貌美，专以玩弄女性为乐，引起朝臣们的不满。而利哥莱托对朝臣妻女受辱的不幸大加嘲讽，得罪了许多人，终致失女之祸。他的爱女吉尔达，纯洁貌美，公爵乔装成穷学生暗中追求，骗得了她的爱情。后来，利哥莱托以美色诱使公爵夜宿旅店，雇用刺客将他杀死。黎明前，却发现受害的是女扮男装，已经奄奄一息的吉尔达。原来，这个获悉行刺计划的少女对虚情假意的公爵一往情深，甘愿为爱情而替公爵一死。

作品中，作曲家创造了性格优柔寡断、内心感情变化多端的弄臣，风流浮华、多情善变的公爵和纯真深情、富于诗意幻想的吉尔达三个不同的音乐形象。剧中的许多唱段都是世界名曲。第四幕中公爵的抒情歌《女人爱变卦》，节奏轻松活泼，音调花俏，就是这位情场能手的绝妙写照。据说当时威尔第为防止这首歌外传，直至最后一次排练才拿出曲谱。演出时这首歌一炮打响，被再三要求重唱一次。于是这首歌很快就成为世界流行的歌曲。剧中还有许多世界著名的唱段，如第三幕利哥莱托的咏汉调，第二幕吉尔达的咏叹调《亲爱的名字》，第四幕中公爵和玛达林娜、吉尔达、利哥莱托的四重唱等等。

快乐悦读——文化知识

舞蹈课堂

KUAILE YUEDU WENHUA ZHISHI

舞蹈，作为一门人体动作的艺术，作为一种特殊的文化现象，它确实与特定的民族的生产方式和生活方式相适应。它以肢体作为符号，在漫长的历史发展进程中形成了该民族特有的符号系统，保存、传递着该民族的价值观念、行为方式。我们在前面简略列举的中国及西方的舞蹈发展历程，都充分证实了这一点。在这些历史的和现实的舞蹈中，无一不深深地蕴含着该民族的历史生态烙印，这些烙印无一不包含丰富的文化内涵。本章就与您一起穿越古今，让您在舞蹈的世界当中畅快淋漓！

古代交谊舞

从汉代（公元前206～公元220）到魏（公元220～265）、晋（公元265～420）期间，为了活跃气氛、联络感情和增进友谊，在中国官宦和贵族宴会盛行一种交谊性的邀请舞，名叫“以舞相属”。

在宴会上，一般是主人在宴会进行中先行起舞，舞跳完以后，邀请另外一个人继续跳下去。第二个人跳完以后，再邀请另外一个人接着跳，如此循环相接。被邀请人必须起舞回报，如果被邀请人拒绝起舞，则被认为是非常没有礼貌的行为，被认为是对邀请人的不恭敬。

此外，唐代（公元618～907）还流行一种名叫“打令”的交谊舞，是在贵族宴会中行酒令时跳的习俗舞蹈。

宫廷舞蹈

历代皇宫用于祭祀、礼仪、歌颂皇上的功德和宴会上演出的舞蹈统称为宫廷舞蹈。宫廷舞蹈经过宫廷的艺人加工和创新，很有艺术性，技艺高超，需要有很深的功力。这种舞蹈的阵容多数是规模宏大、富丽堂皇，很具欣赏性。中国历史上比较有代表性的宫廷舞蹈有唐代歌颂李世民的大型乐舞《秦王破阵乐》、技巧高超而功力深厚的《七盘舞》、乡土气息浓厚的《巴渝舞》、有着异域风情的《胡腾舞》、华丽飘逸的《霓裳羽衣舞》等。

拓展思考

祭祀

祭祀是华夏礼典的一部分，更是儒教礼仪中最重要的部分，礼有五经，莫重于祭，是以事神致福。祭祀对象分为三类：天神、地祇、人鬼。天神称祀，地祇称祭，宗庙称享。祭祀的法则详细记载于儒教圣经《周礼》、《礼记》中，并有《礼记正义》、《大学衍义补》等经书进行解释。古代中国“神不歆非类，民不祀非族”，祭祀有严格的等级界限。

雅乐舞蹈

我国舞蹈在走出蛮荒、进入文明社会以后，很快就走向成熟。在西周的初年即制定了雅乐体系，这是我国乐舞文化的一个里程碑。

乐舞艺术的地位和作用也被提到了前所未有的高度。这一部分乐舞就是"雅乐"、"雅舞"，它们一直是中国乐舞文化的重要组成部分，在几千年的封建社会中始终居于正统地位。雅乐舞蹈的主要内容是"六大舞"（六代舞）代表六个朝代。有黄帝的《云门》、尧帝的《大章》、舜帝的《大韶》、夏禹的《大夏》、商汤的《大C》、武王的《大武》。

六大舞又分为"文"、"武"两类。前四舞属于"文舞"，后两舞属于"武舞"。文舞手持龠翟而舞故称龠翟舞；武舞手持干戚而舞，又称干戚舞。这两种舞都和帝王得天下的手段有关，所谓"以文德得天下的作文舞，以武功得天下的作武舞"。

佛教舞蹈

佛教是在东汉初年（公元1世纪）由印度经西域传到我国中原地区的。不但百姓盛行信佛，连皇帝也很信奉佛教。当时的寺院既是宗教活动的中心，也是群众聚集娱乐的场所。

音乐舞蹈既是祭祀礼仪的一个组成部分，也是宗教的宣传手段之一。在一些规模宏大的寺院中，有十分精妙的伎乐。这在北魏时期（公元220～265）是处处可见的。

唐代（公元618～907）佛事的重要组成部分也是舞祭。像舞蹈《菩萨蛮舞》就是典型的代表。唐代燕乐及其表演性的舞蹈中，都有一些带佛教色彩或者直接来自佛教的舞蹈。比如隋唐时期（公元581～907）著名的宫廷燕乐《九部乐》、《十部乐》中的《天竺舞》具有非常浓厚的佛教色彩。唐朝的《霓裳羽衣舞》也具有浓厚的佛教特色。

宋代（公元960～1279）的《风迎仙乐队》、《菩萨献香花队》也都有浓郁的佛教色彩。蒙古人本来就信奉佛教（藏传佛教），因此元朝（公元1279～1368）的宫廷雅舞，也有浓厚的佛教色彩，最有名的是《十六天魔舞》。从许多的历史资料看，这个舞蹈有如天女下凡一样，是非常优美的舞蹈。

在清明（公元1368～1911）两代的佛教舞蹈中，以明朝人袁宏道作的《迎春歌》和清代舞人徐惊鸿的《观音舞》最为著名。另外，清末宫廷舞蹈家裕容龄自编自演的独舞《观音舞》，塑造的也是一位头戴象征佛光的珠环、坐在莲台之上的观音菩萨形象。

狮子舞

在我国，最大众化的民俗舞蹈，莫过于狮子舞了。狮子是百兽之王。在我国传统的习俗当中，一直把狮子当成一种吉祥物，认为狮子可以去恶呈祥、除灾保平安。人们把狮子打扮得五彩斑斓，既威猛又可爱，以此求得它的保佑，人畜安康。

北方《狮子舞》

你知道吗

唐时燕乐曾传入日本

唐时燕乐曾传入日本，今日本宫内省雅乐队以及一些寺院还在演奏与唐大曲同名的古乐；朝鲜也保存有《春莺啭》（唐大曲曲名）等。不过经历了时代和生活环境的变迁，这些保存在异域的唐曲，已经很难看出和中国唐大曲还有多少相似之处。平安时代，随着中日文化的友好交往传入日本，后发展成为日该国乐之部乐的基础，又称雅乐，它是中日人民情谊源远的象征。

我国舞狮子有非常悠久的历史，仅仅有文字记载的就有两千多年。在唐朝时期（公元618～907）狮子舞就已被引入宫中，成为“燕乐”的一个重要组成部分。在表演的时候，140个人组成的合唱队高唱“太平乐”，以衬托气氛。当时宏大的规模可见一斑。

狮子舞分为两类：文狮、武狮。

文狮子一般是戏耍性的。擅长表演各种风趣喜人的动作，比如：挠痒痒、舔毛、抓耳挠腮、打滚、跳跃、戏球等等。武狮子则重在耍弄技巧。最普通的是踩球、过跷跷板，难的甚至要做武功性的表演，比如走梅花桩这样的高难动作。经历了两千多年的狮子舞，各地都自成一派。少数民族也都有着不同风格的狮子舞。狮子舞遍及我国各地，南北都有，甚至远至西藏。在新中国成立以后，歌舞团、杂技团都把舞狮子作为传统节目来演出，并根据各行各业的不同特长进行加工、整理，成为我国舞蹈、杂技中的一个亮点。

舞“龙”

中华民族是世界上人口最多的国家，世界上凡是有华人居住的地方都把“龙”作为吉祥之物，在节庆、贺喜、祝福、驱邪、祭神、庙会等期间，都有舞“龙”的习俗。这是因为，“龙”是中国华夏民族世世代代所崇拜的图腾。在古代，中国人就把“龙”看成能行云布雨、消灾降福的神奇之物。数千年来，炎黄子孙都把自己称为“龙的传人”。

趣味点击

耍龙灯

耍龙灯也叫“舞龙”、“龙灯舞”，是我国独具特色的民间娱乐活动。从春节到元宵灯节，我国城乡广大地区都有耍龙灯的习俗。经过千百年的沿袭、发展，耍龙灯已成为一种形式活泼、表演优美、带有浪漫色彩的民间舞蹈。

早在汉代（公元前206～公元220），就有杂记记载了这样的壮观场面：为了祈雨，人们身穿各色彩衣，舞起各色大龙。渐渐地，舞“龙”成为了人们表达良好祝愿、祈求人寿年丰必有的形式，尤其是在喜庆的节日里，人们更是手舞长“龙”，宣泄着欢快的情绪。全国的龙舞有上百种，经过几千年的流传和发展，表现的形式更是多种多样。龙舞能受到如此的喜爱，与它的群众性、娱乐性是分不开的，民间传说：“七八岁玩草龙，十五六岁耍小龙，青年壮年舞大龙。”耍龙的时候，

龙图腾

少则一两个人，多则上百人舞一条大龙。最为普遍的叫“火龙”，舞火龙的时候，常常伴有数十盏云灯相随，并常常在夜里舞，所以“火龙”又有一个名称叫“龙灯”。

耍龙灯的时候，有几十个大汉举着巨龙在云灯里上下穿行，时而腾起，时而俯冲，变化万千，间或还有鞭炮、焰火，大有腾云驾雾之势。下面簇拥着成百上千狂欢的人们，锣鼓齐鸣，蔚为壮观，好不热闹！这种气势雄伟的场面，极大地刺激了人们的情绪，振奋和鼓舞了人心。因此，舞“龙”成为维系中华民族传统文化不可缺少的乐章，也体现了中国人民战天斗地、无往不胜的豪迈气概。

民族民间舞

民族民间舞创作于民间，流传于民间，具有鲜明的民族风格和地方特色的传统舞蹈。它是人民群众喜闻乐见的一种艺术样式。民间舞蹈与现实生活密切相关，直接反映人民的生活斗争、思想感情与审美理想。由于各民族、各地区人民的生活、历史、自然条件和风俗习惯的不同，因而民间舞蹈的风格和特色迥异。

民族民间舞是我国56个民族艺术的源泉。风情醇厚、多姿多彩的民间舞蹈在我国历史文化长河中世代生息演进，流传至今。以其绚丽的风采深得我国各民族人民和世界各国朋友的喜爱和珍视，被誉为世界舞蹈宝藏中的瑰丽之花。

当代舞

当代舞蹈是指20世纪50年代后的舞蹈创作和表演，它在作品选材上鲜明地指向了中国人当代生活的感情状态。它既是老一代舞蹈家近代舞蹈创作实践活动，更涵盖建国后巨大的新舞蹈创作运动实践，总体概括为中国“当代舞蹈”。

中国“当代舞”在舞蹈形态、表现方法与风格等方面，存在多界面、多层面的丰富体系，有如现代舞一样，其中流派风格倾向繁多，但并不妨碍它们共有的、共同遵循的美学原则，形成自己舞种的“临界面”的当代艺术风范。这些不同的艺术方法，却在探索一个共同的主题——表现现实生活。这一主题构成了“当代舞”重要的艺术特征，这对于我国舞蹈向着更高层次发展，有着深远的意义。

芭蕾舞

“芭蕾”起源于意大利，兴盛于法国，“芭蕾”一词本是法语“ballet”的英译，意为“跳”或“跳舞”。芭蕾舞早在五百多年前文艺复兴时期，意大利的贵族们在宫廷内观赏一种叫做“芭莉”或“芭莱蒂”的华美舞蹈，即是后来芭蕾舞的雏形。

芭蕾舞《天鹅湖》

这种舞蹈传入法国，成为芭蕾舞发展的第一个高峰。法由国王带头跳舞，并创办不第一所舞蹈学院——皇家芭蕾舞学院，确立了芭蕾舞蹈动作的基本规范。

随着社会的发展，芭蕾舞逐渐从宫廷娱乐性舞蹈变成有情节的芭蕾舞步入剧场，演出了带有社会生活内容的舞剧。

19 世纪，浪漫主义思潮亦对芭蕾艺术产生深刻影响。芭蕾舞从内容到形式都发生了根本性变化。反映民间神话传说、仙女花神、精灵鬼怪等故事成了芭蕾创作的主要题材。女演员成为主角，服装改成了短裙，脚尖舞成为芭蕾的基本要素。这种足尖站立的技艺，把舞蹈者的身体向上提升，适合表现轻盈的体态以及表达追求与渴望的情绪。

19 世纪末，柴科夫斯基作曲的不朽名著《天鹅湖》、《睡美人》及《胡桃夹子》等芭蕾舞剧在俄国和各国相继上演，世界芭蕾艺术的中心，就由巴黎转到了彼得堡。特别是柴科夫斯基的音乐，给舞剧音乐带来了丰富的形象内容、戏剧性的动力和交响性的发展，不仅是芭蕾舞的典范作品，亦成为世界乐坛上的不朽作品。

拉丁舞

拉丁舞分为拉丁国标舞和拉丁舞。

拉丁国标舞是讲究规范、严格、标准的，它是在拉丁舞的基础上发展规范形成的竞技专业舞蹈，内容包括伦巴、恰恰、牛仔舞、桑巴、斗牛舞。

拉丁舞又称拉丁风情舞或自由社交舞。它是拉丁国标舞的起源。拉丁舞是大众民间舞蹈，随意、休闲、放松是它的特点，有较大的自由发挥空间，它是拉美人民在漫长的历史长河中形成的具有鲜明特点的激情、浪漫而又富有活力、火热的艺术表现形式，深受拉美人民的喜爱，成为

拓展阅读

斗牛舞

斗牛舞源于法国，盛传于西班牙，模仿西班牙斗牛士动作的一种舞蹈。男拌如斗牛士般气宇轩昂、钢劲威猛；没有胯部的扭动动作，脚步干净利落，进行曲式的舞曲，给人一种勇往直前的大无畏气概。女拌红色披肩，英姿飒爽，舞姿迷人。斗牛舞是从斗牛运动演变的，西班牙人对自由的渴望，勇敢者的崇拜及爱情和幸福生活的追求. 斗牛舞是一种两步舞。男士象征斗牛士，气宇轩昂、刚劲威猛！女士象征斗牛士用以激怒公牛的红色。

他们生活中必不可少的重要的组成部分。

知识小链接

墨西哥

墨西哥合众国位于北美洲，北部与美国接壤，东南与危地马拉与伯利兹相邻，西部是太平洋，东部有墨西哥湾与加勒比海的阻隔。

拉丁舞的五项舞蹈各有风格，桑巴的激情，恰恰的活泼，伦巴的婀娜，斗牛的强劲，牛仔的逗趣。风格的不同，最主要的是内涵的把握。

拉丁舞造型

拉丁舞是以运动肩部、腹部、腰部、臀部为主的一种舞蹈艺术。参加运动的包括腹直肌、腹内斜肌、腹外斜肌、竖脊肌、背阔肌等上百块肌肉。从 20 世纪 60 年代至今，许多科研人员对体育舞蹈的生理和心理作用做过研究，平均每跳一曲拉丁舞，腰部的扭转有 160 ~ 180 次，女子的最高心率可达 197 次/分钟，男子的最高心率可达 210 次/分钟。大约能量代谢为 8.5 以上，相当于运动员完成一个 800 米的热能消耗量。

拉丁舞中最具代表的舞蹈是伦巴，它被誉为“拉丁之魂”。学习拉丁舞的人，一般会把伦巴作为入门的第一支舞来学习。伦巴是表现男女之间爱情故事的舞蹈，所以它的音乐较为柔美和缠绵，动作上能使女伴充分展现女性的柔媚和胯部、臀部的曲线美。男女伴之间若即若离，十分优美。而另一种具有代表性的舞蹈——恰恰则起源于墨西哥，虽与伦巴有很多相通的地方，但它俏皮欢快，风格与伦巴截然不同，动作潇洒帅气而又充满活力。

现代舞

现代舞是19世纪末和20世纪初在欧美兴起的一种舞蹈流派。其主要美学观点是反对古典芭蕾的因循守旧，主张摆脱古典芭蕾舞过于僵化的动作程式的束缚，以合乎自然运动法则的舞蹈动作，自由地抒发人的真实情感，强调舞蹈艺术要反映现代社会生活。其创始人，公认为是美国舞蹈家伊莎多拉邓肯，她认为古典芭蕾会造成人体的畸形发展。她向往原始的纯朴和自然的纯真，主张“舞蹈家必须使肉体与灵魂结合，肉体动作必须发展为灵魂的自然语言”，真诚地、自然地抒发内心的情感。而系统地为现代舞派建立起一套较为完整的理论和训练体系的，是匈牙利人鲁道夫·拉班，他创造了一种被称为自然法则的训练方法，把人体动作的构成归纳为“砍、压、冲、扭、滑动、闪烁、点打、飘浮”等八大要素，认为正确处理各要素之间的关系，就能组成各种动作。他创造的“拉班舞谱”至今仍为世界上最有影响的舞谱之一。与邓肯同期的舞蹈家露丝·圣·丹尼斯是美国现代舞的先驱，她广泛吸收了埃及、希腊、印度、泰国以及阿拉伯国家的舞蹈文化，形成了一种具有东方神秘色彩的、表现了一种宗教精神的现代舞。她的学生玛莎·格雷厄姆是当代现代舞的杰出代表，她认为人类既然有美有丑，有爱有恨，有善有恶，那么舞蹈就不能只是赞颂美好和善良，也应当表现罪恶、悔恨和嫉妒，所以她特别强调运用舞蹈把掩盖人的行为的外衣剥开，“揭露一个内在的人”。她还创造了一套舞蹈技巧，人称“格雷厄姆技巧”。近数十年来，这一流派的舞蹈家各自发展，形成了许多不同风格和艺术主张的派别。

基本小知识

印 度

印度，是印度共和国的简称，位于亚洲南部，是南亚次大陆最大的国家，与孟加拉国、缅甸、中华人民共和国、不丹、尼泊尔和巴基斯坦等国家接壤，与斯里兰卡、印度尼西亚和马尔代夫等国隔海相望。

爵士舞

爵士舞蹈是非洲舞蹈的延伸，由黑奴带到美国本土，而在美国逐渐演进形成本土化、大众化的舞蹈。非洲的黑人由于受到长达约三百年的奴隶交易，使得他们被遣散在美国及世界各地。在新环境，新生活中过著暗淡悲惨的奴隶日子，虽在这种痛苦的情况中，仍然未忘记他们的音乐与舞蹈。只要有机会，他们就会唱起故乡的歌曲，大跳其民族舞蹈，于是久而久之就逐渐变成喜气洋洋、都市型的音乐和舞蹈。又因他们不断的创新，发明新舞步，逐渐地美国人对这些充满韵律节奏感的黑人舞蹈感到兴趣，进而逐渐流行开来。

拓展思考

蓝调音乐

蓝调为爵士、摇滚及福音歌曲的老祖宗，原本只是美国早期黑奴抒发心情时所吟唱的12小节曲式，演唱或演奏时大量蓝调音的应用，使得音乐上充满了压抑及不和谐的感觉，这种音乐听起来十分忧郁。但就是这么一股〝反骨〞气息，使得它后来在叛逆的摇滚乐中发扬光大。蓝调以歌曲直接陈述内心想法的表现方式，与当时白人社会的音乐截然不同。

随着时间的推移，爵士舞演化成有三种类型的表现方式：第一种是具有强烈古典芭蕾味道的现代爵士舞，第二种是受了黑人及拉丁舞蹈影响的爵士舞，而最后一种是掺杂了诙谐音乐及踢踏的混合爵士舞。

今天，我们所看到的爵士舞蹈，它保留了过去“切分音乐”的旋律，肢体的抛掷或独立运作的特性，但是它不只是用爵士音乐来表演，它也可配合流行音乐、蓝调音乐、摇滚音乐或的士高音乐来演绎。现今的爵士舞蹈，具有很大的包融性和很强的可塑性，并可以随时吸收最流行的音乐和舞蹈的特性，也正因如此，爵士舞极具娱乐性并为大众所欢迎及接受。

街　舞

街舞（英文名字 Hip Hop）最早起源于美国纽约，是爵士舞发展到 20 世纪 90 年代的产物，它的动作是由各种走、跑、跳组合而成，极富变化，并通过头、颈、肩、上肢、躯干等关节的屈伸、转动、绕环、摆振、波浪形扭动等连贯组合而成的，各个动作都有其特定的健身效果，既注意了上肢与下肢、腹部与背部、头部与躯干动作的协调，又注意了组成各环节各部分独立运动。因此街舞不仅具有一般有氧运动改善心肺功能、减少脂肪、增强肌肉弹性、增强韧带柔韧性的功效，还具有协调人体各部位肌肉群，塑造优美体态，提高人体协调能力，陶冶美感的功能。

街舞是美国黑人由一种发泄情绪的运动演绎成的街边文化，特色是爆发力强，在舞动时，肢体所做的动作亦较其他舞蹈夸张。最吸引人之处，是以全身的活力带来热情澎湃的感觉。

街舞一般可以分为两种，一种是个人的技巧街舞。个人技巧街舞是最早流行的一种街舞，因为它能体现年轻人精力旺盛的一面，他们的很多地面动作，譬如说翻滚、倒立、弹跳都是比较高技巧的个人街舞表演。另外一种就是集体街舞，是目前比较流行的街舞形式。它反映了大众的需要，跳起来比较简单，节奏感比较强，它既有舞蹈的感觉又有健身的作用。所以目前比较普遍的就是集体街舞。

有氧舞蹈

有氧舞蹈是配合音乐有节奏地舞动的有氧运动。有氧舞蹈一方面能消耗较多热量，一方面能把许多舞蹈动作健美操化，通过有氧健美操的锻炼形式，反复进行组合练习。有氧舞蹈动作不像健美操动作比较操化，有氧舞蹈有许多风格，其音乐与舞蹈的结合紧密，锻炼时能愉悦身心，同时能提高人的创造、想象、表现和艺术修养等综合能力。

快乐悦读——文化知识

戏剧艺苑

KUAILE YUEDU WENHUA ZHISHI

戏剧是人类的一种活动，它能够描述、表现、分析、确认人类的情感和体验，并将其传播于后世。这是广义的戏剧概念，广义戏剧学应涵盖狭义戏剧学的内容或者说是戏剧艺术。戏剧艺术正是因为与人类生存的方方面面有着十分广泛的联系，所以才有着长期、持久、强盛的生命力。它不只是以艺术的名义影响我们的生活，它更是人类生存状态的一种固定表现形式。

本章一起与您进入戏剧的世界，让您在那戏剧的发展历程中畅快遨游！

戏剧是艺术种类之一。由演员扮演角色，在舞台上当众表演故事情节，并有机地辅之以其他艺术手段的一种综合艺术。在中国，戏剧是戏曲、话剧、歌剧、舞剧等的总称，也常特指话剧。在西方，戏剧即指话剧。戏剧起源于古希腊祭祀大典上的歌舞表演。在长期的发展中，戏剧成为由文学、导演、表演、舞台美术、音乐等多种文艺成分有机组成的综合艺术，是一种由各艺术部门共同创作、具有集体性的艺术。戏剧的基本特征是动作，即剧作不以作者的口吻，而是通过剧中人物自身的言语行为来展示故事情节，塑造人物形象，最终通过演员的表演形象化地体现在舞台上。由于舞台空间和演出时间的严格限制，戏剧比其他叙事体更要求集中、精练。戏剧表现人物性格及意愿的冲突，使之充分展现并迅速解决。戏剧能激起观众的情感反映，具有艺术价值和教育作用。戏剧按体裁可分为悲剧、喜剧、正剧等；按题材可分为情节剧、心理剧、历史剧、童话剧等；按表现手段可分为话剧、歌剧、舞剧、广播剧、电视剧等。

拓展阅读

歌剧

歌剧是将音乐（声乐与器乐）、戏剧（剧本与表演）、文学（诗歌）、舞蹈（民间舞与芭蕾）、舞台美术等融为一体的综合性艺术，通常由咏叹调、宣叙调、重唱、合唱、序曲、间奏曲、舞蹈场面等组成（有时也用说白和朗诵）。早在古希腊的戏剧中，就有合唱队的伴唱，有些朗诵甚至也以歌唱的形式出现；中世纪以宗教故事为题材，宣扬宗教观点的神迹剧等亦香火缭绕，持续不断。

正 剧

正剧是戏剧主要体裁之一，又称悲喜剧，是在悲剧与喜剧之后形成的第三种戏剧体裁。

从古希腊到 17 世纪古典主义时期，一般只承认悲剧和喜剧两种体裁，其界限十分严格，彼此不能混淆。实际上，莎士比亚的很多剧作往往兼有悲剧和喜剧的成分，有些剧目甚至很难归入这两种体裁。到 18 世纪，欧洲启蒙运动时期的进步作家从反对封建专制和教会黑暗，宣传资产阶级的政治理想和生活愿望的需要出发，提倡这种戏剧类型。

正剧的基本特征是不受古典主义创作原则的束缚，兼有悲剧和喜剧的因素。正剧理论的首创者是法国的思想家、理论家狄德罗，曾把正剧称为“严肃的喜剧”。之后，法国戏剧家博马舍就正剧的内容和形式作了进一步的阐述，并定名为“严肃戏剧”。19 世纪以后正剧成为戏剧的主要类型之一。随着时代和社会的发展，正剧的内容和形式也在不断发生变化。

悲 剧

悲剧是戏剧主要体裁之一。源于古希腊，由酒神节祭祀仪式中的酒神颂歌演变而来。在悲剧中，主人公不可避免地遭受挫折，受尽磨难，甚至失败丧命，但其合理的意愿、动机、理想、激情预示着胜利、成功的到来。悲剧撼人心魄的力量来自悲剧主人公人格深化。

> 趣味点击　《牡丹亭》
>
> 《牡丹亭》全名《牡丹亭还魂记》，是明代大曲家汤显祖的代表作，与《紫钗记》、《邯郸记》和《南柯记》合称“玉茗堂四梦”。

悲剧一般分为四种类型：（1）英雄悲剧。这类悲剧往往表现政治斗争、阶级斗争、民族斗争中的重大题材。如古希腊悲剧《被缚的普罗米修斯》，中国古典戏曲《清忠谱》、《赵氏孤儿》等也可归属于英雄悲剧。（2）家庭悲剧。表现家庭之间、家族内部各种复杂的伦理关系及不同的人生价值观念、道德法则酿成的激烈矛盾冲突。这种类型的悲剧是在社会政治风云变幻的背景下，透过家庭关系和伦理道德观念的冲突展现出时代的种种矛盾。如莎士比亚的《罗米欧与朱丽叶》，中国戏曲《牡丹亭》、《梁山泊与祝英台》及曹禺的话剧《雷雨》等。（3）表现人们日常生活需求，即“小人物”平凡命运的悲剧。现代剧作家往往把平凡的“小人物”作为悲剧的主人公，与他们相对立的不是某一个人，而是来自社会和各个角落的有形与无形的巨网。例如奥尼尔的《安娜克里斯蒂》、米勒的《推销员之死》。(4) 最后一种类型的悲剧，它所表现的矛盾冲突贯穿于整个人类社会生活，表达了人类对自由的向往、追求以及对理想的渴望，并力图驾驭自然、社会及人自身，展现着人类从必然王国走向自由王国的艰难历程。这种类型的悲剧实际上是必然与自由的悲剧冲突。古希腊的“命运悲剧”就是这种悲剧。《俄狄浦斯王》便是一部与命运抗争的悲剧。

无论哪一种悲剧，都要探索到人类的本质力量这一人生最深的底蕴。人们意识到的与意识不到的要求、欲望、情感、意志、思维、兴致等等，都是历史的产物、文化的产物。然而，悲剧人物又不可能在现实中实现自我的意愿。人是由自己创造的，人也就会被自己所毁灭，而不论战胜或者毁灭，都来自于人自身内在的有意识或无意识的力量。这使得我们把自己意识到的或意识不到的欲望、情感、意志、思维、行动、命运都提升到人类自我创造的历史进程中去，从而获得发展与完善。所有的悲剧都体现出人生有价值的东西的毁灭。悲剧打动人心的力量来自于主人公不甘于命运的安排，并以有限的力量向强大的环境所做的抗争，以个人渺小的力量体现出人类的伟大。在这个意义上，悲剧不愧是戏剧的最高境界，是人类精神极致的艺术丰碑。

喜　剧

喜剧是戏剧主要体裁之一。指以可笑性为外在表现特征的一类戏剧。

喜剧最早产生于古希腊。它起源于农民收获葡萄时节祭祀酒神时的狂欢游行，游行者化装为鸟兽，载歌载舞。公元前 7 世纪初把它演变为一种滑稽戏，成为喜剧的前身。此后，它作为一种

你知道吗

“公元”的来历

公元是“公历纪元”的简称，是国际通行的纪年体系。以传说中耶稣基督的生年为公历元年（相当于中国西汉平帝元年）。

戏剧体裁逐步发展成熟。在中国，约12世纪才产生出成熟的喜剧艺术。但它的起源却很早，雏形可追溯到秦汉。

喜剧的基本特征是：遵从滑稽突梯的艺术规律，运用各种引人发笑的表现方式和手法，把戏剧的各个环节，诸如语言、动作、人物的外貌及姿态、人物之间的关系、故事情节等均加以可笑化，使得本质与现象、内容与形式、愿望与行动、目的和手段、动机与效果相悖逆，从而产生出滑稽戏谑的效果。

喜剧性作为一个审美范畴，它的本质在于可笑性，主要表现形式是滑稽与幽默。根据不同的审美属性和审美价值，喜剧可划分为讽刺喜剧与幽默喜剧、欢乐喜剧与正喜剧、荒诞喜剧和闹剧等不同的类型。

欧洲最早的喜剧是古希腊喜剧，代表作家是阿里斯托芬等；16、17世纪以莎士比亚和莫里哀的喜剧作品为代表，宣扬人文主义思想；18世纪意大利的哥尔多尼和法国的博马舍等开始了欧洲启蒙运动时期的喜剧阶段；19世纪俄国的果戈理和奥斯特罗夫斯基等人的喜剧作品具有批判现实主义精神。中国戏曲中描写喜剧性矛盾的优秀作品，大都在讽刺反面形象的同时歌颂正面人物的勇敢和机智，具有鲜明的民主性和强烈的乐观主义精神。

话　剧

戏剧种类之一，中国的一种特殊称谓。在欧洲，一般将发端于古希腊悲剧和喜剧的舞台演出形式称为话剧，通常译为戏剧，并将它与歌剧、舞剧、哑剧等相区别。这个剧种从20世纪初传到中国，最初称为新剧、文明戏、爱美剧等。1928年，中国戏剧家洪深提议定名为话剧，将其与传统戏曲、歌剧、舞剧、哑剧等相区别。它综合文学、表演、导演、美术、音乐、舞蹈等多种文艺成分，而以说话（对白、独白、旁白）为主要表现手段；演员的表演则是以说话和动作来塑造各种各样的人物形象，直观地展现社会生活中的各种矛盾和冲突。随着时代和社会的发展，话剧的题材、体裁、风格、手法和艺术形式，也不断丰富发展。

知识小链接

哑剧

剧是不用对话或歌唱而只以动作和表情表达剧情的戏剧。哑剧的历史悠久，源远流长。“哑剧”一词源出于希腊语，意思是“模仿者”。哑剧不用台词而凭借形体动作和表情表达剧情的戏剧形式。形体动作是哑剧的基本手段，它的准确性和节奏性不仅具有模仿性，还应具有内心的表现力和诗的意蕴。

独幕剧

按作品形式和规模划分的戏剧类别之一，与多幕剧相对应。指剧情在一幕内完成的小型戏剧。通常只有一个场景，也可以有两个以上场景。在独幕剧中，一般人物较少，情节线索单纯，从一个生活侧面反映社会矛盾，构成一个独立完整的戏剧故事。在17世纪，莫里哀曾写过一些独幕戏剧，如《可笑的女才了》、《逼婚》等。但这一类戏剧在19世纪后期才开始流行。契诃夫的《求婚》是著名的独幕剧佳作。中国早期话剧有很多独幕剧，如田汉的《名优之死》。中华人民共和国成立以后，《妇女代表》、《赵小兰》等，都是获奖的独幕剧作品。

荒诞派戏剧

现代戏剧流派之一。“荒诞派戏剧”一词，最早见于英国戏剧评论家马丁·艾思林1962年出版的《荒诞派戏剧》一书，它是作者对20世纪50年代在欧洲出现的贝克特、尤内斯库等剧作家作品的概括。荒诞派戏剧的哲学基础是存在主义，否认人类存在的意义，认为人与人根本无法沟通，世界对人类是冷酷的、不可理解的。荒诞派剧作家拒绝像存在主义的剧作家那样，用传统的、理智的手法来反映荒诞的生活，而是用荒诞的手法直接表现荒诞的存在。荒诞派戏剧在艺术上有以下几个特点：①反对戏剧传统，摒弃结构、语言、情节上的逻辑性、连贯性；②通常用象征、暗喻的方法表达主题；③用轻松的喜剧形式来表达严肃的悲剧主题。荒诞派剧作中最先引起注意也是最典型的作品是贝克特的《等待戈多》（1952）；最极端的是他的《呼吸》（1970），这出戏连一句台词都没有。荒诞派戏剧在西方剧坛享有极高的声誉，但它的全盛时期实际上已经过去。荒诞派戏剧作为一种强大的戏剧潮流已经成为历史，但这一戏剧流派对西方剧坛的影响是深远的。

古希腊悲剧与三大悲剧家

“悲剧”一词用在古希腊戏剧上可能会引起人们的误解，因为古希腊悲剧的着意在“严肃”，而不在“悲”。

古希腊悲剧起源于古希腊人祭祀酒神的仪式。古希腊农民于收获葡萄时节装扮成牧羊人，举行歌舞，崇拜酒神狄俄尼索斯，这种歌叫做“酒神颂”。表演时，临时编几句诗来回答歌队长提出的问题，讲述酒神在人世间漫游和宣教的故事。

古希腊悲剧的题材大多取材于神话、传说和史诗，通过神话和英雄传说反映当时的社会现实。这些悲剧涉及命运观念、宗教信仰、国际与国内战争、政治问题、民主制度、社会关系、家庭问题，并且提出了悲剧诗人对这些问题的看法。

古希腊产生了三大悲剧作家。

第一个是埃斯库罗斯，现存七部较完整的悲剧。他使悲剧有了深刻的内容和完备的形式。他的悲剧布局比较简单，抒情气氛十分浓厚，人物气魄雄伟，风格庄严崇高，语言雄浑有力。他首创三联剧的悲剧形式，使希腊悲剧趋于完善，被称为“悲剧之父”。代表作是《被缚的普罗米修斯》。

第二个是索福克勒斯，现存七部完整的悲剧。他使悲剧艺术趋于完善，他的悲剧布局复杂、严密、完整，人物性格鲜明，风格朴质、简洁。他的作品多描写理想化的英雄人物与命运的冲突，但终究不能挣脱命运的摆布而走向毁灭，反映了雅典奴隶主民主政权盛极而衰时期的社会面貌。作品《俄狄浦斯王》是他最著名的悲剧。

第三个是欧里庇得斯，现存作品十八部。在他的悲剧中，对雅典统治者对外侵略、对内剥削的高压政策，对于压迫和虐待奴隶的问题，对社会上存在的贫富悬殊、男女不平等、道德败坏的现象，都进行了揭露和批判。他善于描绘人物的心理，风格比较华丽，语言流畅，接近口语，十分自然。代表作品是《美狄亚》。

公元前 4 世纪，雅典在内战中失败之后，民主政治衰落了，悲剧也随之衰落。雅典的大酒神节举行到公元前 120 年为止，至此古希腊悲剧的历史便告结束。

“喜剧之父”阿里斯托芬

阿里斯托芬（约公元前 445 ~前 385），古希腊早期喜剧的代表作家。写过 40 部喜剧，现存《阿哈奈人》、《骑士》等 11 部。

阿里斯托芬的喜剧是生动有力的，剧中包含着许多滑稽、诙谐、讽刺、嘲笑以及狂欢粗野的成分，也有幻想和抒情成分。他的喜剧组织结构一般比较松散，人物性格不够深刻，但讽刺的语言机智锋利，抒情的词句优美动听。在欧洲文学史上，像阿里斯托芬这样指名攻击当权者的政治喜剧，只产生在古希腊民主政治时期。他的喜剧形式自由奔放，并使喜剧与抒情诗相结合，对后世喜剧作家的影响很大，被称为“喜剧之父”。

拓展阅读

阿里斯托芬

阿里斯托芬（约前 446 年—前 385 年）古希腊早期喜剧代表作家，雅典公民，生于阿提卡的库达特奈昂，一生大部分时间在雅典度过，同哲学家苏格拉底、柏拉图有交往。相传写有四十四部喜剧，现存《阿卡奈人》、《骑士》、《和平》、《鸟》、《蛙》等十一部。有“喜剧之父”之称。

莎士比亚及其戏剧

莎士比亚（1564~1616），英国文艺复兴时期的诗人、戏剧家。

莎士比亚

莎士比亚在 20 余年内共写了 37 部戏剧，还写了两首长诗和 154 首十四行诗。他的戏剧多取材于历史记载、小说、民间传说和老戏等已有的素材，反映了封建社会向资本主义社会过渡的历史现实，宣扬了新兴资产阶级的人道主义思想和人性论观点。

莎士比亚的戏剧创作活动可分三个阶段：1590~1601 年，主要是富于乐观精神和鲜明信念的英国历史剧和喜剧；1601~1608 年，多是反映深刻矛盾，表现怀疑情绪的大悲剧、“阴暗的喜剧”和罗马剧；1680 年以后，则是倾向于妥协和幻想的悲喜剧或传奇剧。

基本小知识

历史剧

历史剧是根据题材内容划分的戏剧种类之一。指取材于历史事件和历史人物的剧目。

莎士比亚的戏剧作品，可分为喜剧、悲剧、历史剧三类。喜剧以《仲夏夜之梦》、《威尼斯商人》、《无事生非》和《第十二夜》为代表；悲剧以《哈姆雷特》、《奥赛罗》、《李尔王》、《麦克白》和《罗密欧与朱丽叶》为代表；历史剧以《理查三世》、《亨利四世》和《亨利五世》为代表。

莎士比亚在作品中塑造出了众多栩栩如生的人物形象，描绘了广阔的、五光十色的社会生活图景，并使之以悲喜交融、富于诗意和想象、寓统一于矛盾变化之中以及富有人生哲理和批判精神等特点著称。

莎士比亚的戏剧以人文主义的观点反映了英国封建制度解体，资本主义兴起时期的社会矛盾；刻画了以新兴资产阶级为主的众多人物形象，表达了他们的政治要求和生活理想；在揭露封建贵族的没落腐朽、谴责封建暴政的同时，也批判了资产阶级追求财富与权力的不择手段和贪得无厌。他剧中的人物性格鲜明，情节生动丰富，语言精练而富于表现力，对欧洲文学和戏剧的发展有重大的影响。但莎士比亚生前没有出版过自己的剧作。

易卜生及其社会问题剧

易卜生（1828～1906），挪威戏剧家和诗人。1828 年 3 月 20 日出生于挪威，1849 年完成了第一部剧本《卡提利那》，并于 1850 年出版。1849 年，他的第二部剧本《勇士之墓》上演并获得成功，大大激发了他的戏剧创作热情。1851 年，易卜生在民族剧院担任剧院编导。1851～1857 年，易卜生共为剧院完成 6 部剧本。1857 年，易卜生改任首都挪威剧院的导演，写出了讽刺剧《爱的喜剧》和历史剧《觊觎王位的人》。由于对挪威的现实社会问题进行了揭露和批判，遭到保守分子的强烈反对。1864 年，在丹麦—普鲁士战争期间，挪威政府拒绝出兵援助丹麦，使他满怀愤怒离开了祖国。直到 1891 年回国。他生活困顿，于 1906 年 5 月 23 日去世。挪威议会和各界人士为他举行国葬。

拓展思考

挪威

北欧国家挪威位于斯堪的纳维亚半岛西部，东与瑞典接壤，西邻大西洋。海岸线极其蜿蜒曲折，构成了挪威特有的峡湾景色。此外，挪威还与芬兰、俄罗斯接壤。挪威的领土还包括斯瓦尔巴群岛和扬马延岛，首都为奥斯陆。

易卜生被称为欧洲现代戏剧之父。他的主要创作成就在现实主义戏剧方面，以他的四大社会问题剧——《社会支柱》、《玩偶之家》、《群鬼》和《人民公敌》为最高标志。这些作品不仅具有深刻的生活和思想内容，而且是以一种崭新的戏剧样式出现的。从古希腊戏剧分成悲剧和喜剧两大类以后，这个分类传统就长期被保留下来。18 世纪法国启蒙戏剧家狄德罗曾经要求突破这个传统，创造一种介于悲剧和喜剧之间的严肃体裁的戏剧，这到易卜生手里才真正得以实现。易卜生的社会问题剧，既不是喜剧，也不是悲剧，这使易卜生赢得了欧洲戏剧史上划时代作家的地位。

易卜生

易卜生在揭露和批判资本主义社会丑恶现象的过程中，曾经提出一些“僻论”，集中地反映了易卜生的思想和观点。那就是把一切问题都归咎于人们的道德堕落。在创作方法上，易卜生的现实主义戏剧堪称典范。他十分重视创作技巧，结构精致完美，显示力图更好地反映现实社会问题，发挥戏剧艺术应有的社会教育作用。

易卜生是挪威民族戏剧的创始人，生前一直遭到挪威保守分子的反对。在他的直接影响下，挪威产生了一批戏剧家。

戏剧教育家斯坦尼斯拉夫斯基

斯坦尼斯拉夫斯基（1863 ~ 1938），苏联著名演员、导演、戏剧教育家和理论家、舞台艺术改革家。斯坦尼斯拉夫斯基一生导演和担任艺术指导的话剧和歌剧共有 120 余部，并扮演过许多重要角色。他创立的演剧体系继承和发展了俄罗斯和欧洲的艺术成果，著有《我的艺术生活》、《演员自我修养》等书。1936 年获苏联人民艺术家称号。

趣味点击 关于美学

美学是从人对现实的审美关系出发，以艺术作为主要对象，研究美、丑、崇高等审美范畴和人的审美意识，美感经验，以及美的创造、发展及其规律的科学。美学是以对美的本质及其意义的研究为主题的学科。美学是哲学的一个分支。研究的主要对象是艺术，但不研究艺术中的具体表现问题，而是研究艺术中的哲学问题，因此被称为“美的艺术的哲学”。美学的基本问题有美的本质、审美意识同审美对象的关系等。

斯坦尼斯拉夫斯基演剧体系，是包括表演、导演、戏剧教学和方法等系统专业知识的演剧体系。它是斯坦尼斯拉夫斯基毕生创作和教学经验的总结，也是他对演剧艺术领域的先驱者和同时代的世界杰出大师们的经验总结。体系的戏剧美学思想——真实反映生活、强调戏剧的社会使命和教育作用，继承了 19 世纪俄罗斯革命民主派朴素唯物主义的美学观点。体系出现于 20 世纪俄国无产阶级革命运动日趋高涨之时。在苏维埃时代，其美学思想又有了显著的进步：在思想性与艺术性的问题上，要求两者的统一，反对内容与形式的割裂，要求深刻揭示复杂的人物性格与生活矛盾，反对简单化的处理；在生活真实与艺术真实的关系上，强调把“普通的、日常的生活真实转变、净化和升华为艺术真实”，并提出演员“要学习、观察、倾听、热爱生活”，要重视创作的生活源泉。

体系在导演工作方面所作的大胆革新，完善了俄罗斯导演艺术流派，使导演发展成为整个演出的思想解释者、组织者、剧院集体的教育者。在与演员的合作上，体系强调演员在舞台上的首要地位，要求导演充分掌握演员的创作个性，发挥演员的创作主动性，通过整体演出体现导演的风

斯坦尼斯拉夫斯基

格。斯坦尼斯拉夫斯基导演学派的另一个特点是，强调内容与形式的统一，强调演出各部分之间的和谐一致和演出的艺术完整性，以期达到一出戏便是一部完美的艺术作品的水平。

体系关于演员的创作原理和训练方法，斯坦尼斯拉夫斯基称之为体验派。体系要求的不是模仿形象，而是“成为形象”、生活在形象之中，并要求在舞台创造过程中有真正的体验，每次演出都应根据预先深入研究过的人物形象的生活逻辑，重新创造生动的有机过程，而不是重复过去的表演。他晚年在创作方法上的重大发现——形体行动方法，是使体系更具科学性的重要标志。斯坦尼斯拉夫斯基体系建立了舞台艺术中的社会主义现实主义方法，为苏联演剧艺术的理论和实践作出了重大贡献。

布莱希特和他的戏剧理论

布莱希特（1898 ~ 1956），德国剧作家、戏剧理论家、导演、诗人。布莱希特 20 世纪 20 年代末参加德国工人运动。1933 年因反对纳粹政权被迫流亡国外，但仍坚持反法西斯斗争。1948 年回到德意志民主共和国。曾任德意志民主共和国艺术科学院副院长，荣获 1951 年国家奖金和 1955 年列宁和平奖金。

布莱希特重视戏剧的教育作用，多年探索“宣传、鼓动和艺术”相结合的问题，提出“史诗戏剧”理论和“间离效果”的表演方法。

所谓“史诗戏剧”是要以辩证唯物主义和历史唯物主义的

拓展思考

三一律

三一律是西方戏剧结构理论之一，亦称“三整一律”。是一种关于戏剧结构的规则。先由文艺复兴时期意大利戏剧理论家提出，后由法国古典主义戏剧家确定和推行。要求戏剧创作在时间、地点和情节三者之间保持一致性. 即要求一出戏所叙述的故事发生在一天（一昼夜）之内，地点在一个场景，情节服从于一个主题。法国古典主义戏剧理论家布瓦洛把它解释为“要用一地、一天内完成的一个故事从开头直到末尾维持着舞台充实。”

布莱希特

思想认识生活、反映生活，突破“三一律”编剧法，采用自由舒展的戏剧结构形式，多侧面地展现生活宽广多彩的内容，让观众透过众多的人物场景，看见生活的真实面貌和它的复杂性、矛盾性，促使人们思考，激发人们变革社会的热情。

“间离效果”是布莱希特提出的一个新的美学概念，也是一种新的演剧理论和方法。它的基本含义是利用艺术方法把平常的事物变得不平常，揭示事物的因果关系，暴露事物的矛盾性质，使人们认识改变现实的可能性。就表演方法而言，“间离方法”要求演员与角色保持一定的距离，不要把二者融合为一，演员要高于角色，驾驭角色，表演角色。他还反对幻觉式布景，以破除舞台上的生活幻觉，使观众能够冷静地分析和判断。他在戏剧中增加了叙述因素，并把歌唱作为话剧的有机组成部分，同时使用分场标题和定场诗，明白告诉观众戏中将要发生的事情，以强调创作过程中的理性因素。这构成了布莱希特现实主义演剧方法的特点。

布莱希特共写了50部多幕剧和短剧，比较著名的有《大胆妈妈和她的孩子们》、《伽利略传》、《四川一好人》和《高加索灰阑记》等。

布莱希特戏剧是20世纪德国戏剧德一个重要学派，也对世界戏剧产生了很大影响。

元杂剧

杂剧是我国古代最早出现的真正完整的戏剧形式。它大约产生于宋金时期的两河地区（今山西与河北相邻一带），流行于北方，成熟于元代。元杂剧是指蒙古灭金前后，以宋杂剧和金院本为基础，融合宋金以来的音乐、说唱、舞蹈等艺术而形成的戏曲艺术。文学史上与唐诗、宋词并称的元曲，实际上还包括散曲，并不专指元杂剧。元杂剧先在我国北方流行，到元灭南宋

(1279) 以后，又逐渐流行到我国南方。元代后期，元杂剧渐趋衰落。

知识小链接

王实甫

王实甫，名德信，大都（今北京市）人。著有杂剧十四种，现存《西厢记》、《丽春堂》、《破窑记》三种。《破窑记》写刘月娥和吕蒙正悲欢离合的故事，有人怀疑不是王实甫的手笔。另有《贩茶船》、《芙蓉亭》二种，各传有曲文一折。

元杂剧的形成，是中国戏曲艺术发展到成熟阶段的重要标志。它的部分优秀剧目，如关汉卿的《窦娥冤》、《救风尘》，王实甫的《西厢记》，马致远的《汉宫秋》，白朴的《梧桐雨》，纪君祥的《赵氏孤儿》，石君宝的《秋胡戏妻》，康进之的《李逵负荆》等，700 多年来被改编为各种新的戏曲形式，延续不断地演出。有的剧本如《西厢记》、《赵氏孤儿》、《看钱奴》等还流传国外，影响极为深远。

元杂剧在中国戏曲史上占有光辉的一页。它的部分优秀剧目长期保留在中国舞台上，其表演艺术和创作经验，也为后来的演员和作家所继承。

关汉卿与《窦娥冤》

关汉卿，约生于金亡（1234）前后，死于元成宗大德年间(1297 ~ 1307)，中国元代杂剧作家。在元杂剧作家中，关汉卿的创作年代较早，著有杂剧 67 部，现仅存 18 部。其中《窦娥冤》是关汉卿创作的杂剧中最杰出色的代表作。

关汉卿

《窦娥冤》是关汉卿晚年的作品，成功地塑造了窦娥的艺术形象，描写了她一生的悲惨遭遇。贫苦书生窦天章因家境贫寒将年幼的窦娥卖给蔡家做童养媳，婚后丈夫夭亡，婆媳相依为命。一日，蔡婆婆出门要债，被赛卢医骗到无人处，企图谋财害命。恰逢张驴儿父子路过，救活了蔡婆婆，并强迫他们婆媳与张驴儿父子结成夫妻，窦娥坚决拒绝。张驴儿阴谋毒死蔡婆婆，使窦娥失去依靠，就会答应嫁给他，不料反而毒死了张父，他转而诬陷窦娥。官府严刑逼供，窦娥为救护蔡婆婆，只好屈招，被判处斩刑。临刑之时，窦娥发下三桩誓愿，以表冤屈：一要在刀过头后，一腔颈血飞洒在丈二白练之上；二要六月降雪，掩盖她的尸体；三要当地大旱三年。后来一一应验。三年后，朝廷派其父窦天章去审查案卷，窦娥托梦给父亲痛诉冤情，在窦天章的主持下，作恶者最终归案伏法。窦娥的沉冤大白于天下。

拓展阅读

窦娥

窦娥是关汉卿的杂剧《窦娥冤》的主人公，是封建社会被压迫的妇女的典型。她的性格善良而刚强，有强烈的反抗精神。最初，窦娥只是一个发誓信守孝顺、贞节等封建伦理纲常的妇女，但残酷的现实把她推向深渊。先是流氓恶棍张驴儿对她进行逼婚，后遭官府的酷刑，在同邪恶势力的斗争中，她的反抗性格急剧发展，由安分守己、逆来顺受到毫不犹豫地进行坚决的斗争。在法场上，她对天地鬼神发出了惊心动魄的控诉，实际是对黑暗社会现实的否定，突出地表现了她不可征服的反抗精神。

《窦娥冤》剧照

《窦娥冤》始终把戏集中在窦娥身上，先写她悲惨的身世，继而展开她与张驴儿的冲突，再写贪官污吏对她的压迫，最后写她的复仇抗争。在关汉卿笔下，窦娥的形象有血有肉，个性十分突出。其他人物也栩栩如生。在处理戏剧冲突方面，关汉卿善于提炼激动人心的戏剧情节，从而使剧情紧凑集中，主要矛盾突出。

基本小知识

关汉卿

关汉卿（约1220年—1300年），元代杂剧作家。是中国古代戏曲创作的代表人物。号已斋（一作一斋）、已斋叟。汉族，解州人（今山西省运城），与马致远、郑光祖、白朴并称为“元曲四大家”，关汉卿位于“元曲四大家”之首。

关汉卿不愧是杰出的语言大师。语言的风格首先表现在人物语言的性格化上，窦娥语言的朴实无华，张驴儿语言的流里流气，都非常符合人物的身份。不务新巧、不事雕琢、通俗流畅、生动入耳的语言，使关汉卿成为元曲中本色派的代表作家。

关汉卿的剧作是中国古典戏曲艺术的一个高峰。作者在塑造人物形象、处理戏剧冲突、运用戏曲语言方面都有杰出的成就。

关汉卿是一位伟大的戏曲家，在中国戏曲史上占有重要的地位。他被后人列为“元曲四大家”之首。

王实甫与《西厢记》

王实甫，中国元代杂剧作家，大都（今北京市）人，生卒年与生平事迹不详。王实甫所作杂剧今知有13种，《西厢记》为其代表作。

《西厢记》情境图

《西厢记》的故事说的是：崔相国死后，其夫人携女儿崔莺莺和丫鬟红娘护送灵柩回乡安葬。因道路受阻，暂住在普救寺的西厢房内。书生张君瑞赴京赶考，途经这里，在佛殿上窥见到崔莺莺的美貌，顿生爱慕之心，便改变赶考的打算，也在寺中住了下来。此后张生和崔莺莺暗通信息，互表倾慕之心。这时叛军头目包围了普救寺，扬言要强娶莺莺为妻。无奈之中，老夫人许下诺言，谁能退兵，便将莺莺许配给谁。恰逢张生故交白马将军就驻扎在附近，张生便写信求救，解了普救寺之围。但老妇人却只应允张生和莺莺以兄妹相称，张生一气之下病倒。莺莺十分焦急，派红娘前去探望。在红娘的帮助下，两人私定终身。被老夫人识破后，狠狠拷问了红娘，红娘机智应对，驳得老夫人哑口无言，只好勉强同意了这门婚事，但以“相门不招白衣女婿”为由，令张生进京赶考。张生果然考中。而此时莺莺的表哥郑恒却造谣，说张生已经被魏尚书招赘，于是老夫人改变主意，欲将莺莺许配郑恒，莺莺悲痛欲绝。此时张生回来，真相大白。郑恒因羞愧撞树而死。张君瑞和崔莺莺结成美满姻缘。

《西厢记》是一部杰出的现实主义作品，它歌颂了以爱情为基础的男女结合，第一次喊出了“愿普天下有情人都成眷属”的主张，否定了封建社会传统的联姻方式。《西厢记》共有五本二十折，是我国最早一部以多本杂剧表演一个故事的大型剧作。它人物性格鲜明，语言秀美典雅，意境深远含蓄，剧情跌宕起伏，在思想上、艺术上都有很高的成就。

马致远与《汉宫秋》

《汉宫秋》为马致远的力作。马致远，号东篱，大都（今北京）人，是元曲四大家之一。

马致远是元代颇负盛名的杂剧作家，又是著名的散曲作家，现存辑本《东篱乐府》1 卷，计收小令 104 首，套数 17 套。

杂剧《汉宫秋》是他的代表作，写的是王昭君和亲的故事。《汉书》的《元帝纪》和《匈奴传》，《后汉书 · 南匈奴传》均有记载。西汉竞宁元年（公元前 33 年），元帝以宫人王嫱（昭君）嫁匈奴呼韩邪单于为阏氏。昭君入匈奴，生二子。呼韩邪死，从成帝敕令，复为后单于阏氏。元帝时，汉强匈奴弱，昭君和亲是民族和睦的一个历史记录。

趣味点击

王昭君

王昭君，名嫱，字昭君，乳名皓月，中国古代四大美女之一的落雁，晋朝时为避司马昭讳，又称“明妃”，汉元帝时期宫女，西汉南郡秭归（今湖北省兴山县）人。匈奴呼韩邪单于阏氏。昭君出塞的故事千古流传。

马致远的《汉宫秋》不拘泥于史实，在前人创作的基础上予以再创造。故事内容有很大变化，主要有三：第一，把故事发生的时代背景，改为汉弱匈奴强；第二，将毛延寿的身份由画工改为中大夫，索贿未成，将王昭君的画图献给单于，并变节投降；第三，王昭君出塞行至黑河，投水而死。这便赋予了老题材以新主题。其原因是元蒙统治者推行民族歧视政策，汉人社会地位很低，马致远借敷衍王昭君的故事，张扬汉家气节，在当时特定的历史条件之下，具有一定的现实意义。

《汉宫秋》以汉元帝为主角，以其钟情为基调，但却成功地塑造了王昭君的形象。王昭君之所以出塞和番，为的是“怕江山有失”；临行时，她留下了汉家衣服；行至汉匈交界处投江而死。这些情节虽着墨不多，却表现了王昭君崇高的气节，使这一悲剧形象光彩照人。《汉宫秋》还借汉元帝之口，斥责了汉王朝昏庸无能的文臣武将，鞭挞了变节行为。表达了作家对软弱、妥协的宋、金臣僚的严厉批判。

《汉宫秋》曲词优美，富于浓郁的抒情意味，历来为人击节赞赏。

马致远的《汉宫秋》对明清时代戏曲作品中王昭君形象的塑造，有很大的影响。

汤显祖与《牡丹亭》

汤显祖（1550～1616），中国明代戏曲作家。代表作《牡丹亭》，又名《还魂记》。

《牡丹亭》的故事梗概：杜丽娘是南安太守杜宝的女儿。她受《诗经关雎》启发，私出游园，梦中和一书生柳梦梅幽会。从此一病不起，怀春而死。

柳梦梅进京赴试，借宿园中。他掘墓开棺，使杜丽娘起死回生，两人结为夫妇，同往临安。杜丽娘的教师陈最良前往淮安告发柳梦梅盗墓之罪。柳梦梅在临安应试后，恰逢金兵入侵，延迟放榜。安抚使杜宝在淮安被围。柳梦梅受杜丽娘之托，送家信传报还魂的喜讯，被杜宝囚禁。敌兵退去后，柳梦梅由阶下囚一变而为状元，杜宝也升了官，但拒不承认女儿的婚事。纠纷闹到皇帝面前，才得到圆满的解决。

《牡丹亭》感人的力量，在于它具有强烈地追求个人幸福、反对封建婚姻制度的浪漫主义思想。这个理想是作为和封建思想对立的力量而出现的，善良与美好的东西都属于杜丽娘。这是她自己思想和行动的主宰。汤显祖写杜丽娘的外貌很成功，而描写杜丽娘的感情和理想的那些片段更具魅力。《牡丹亭》表达了当时广大青年男女要求个性解放，要求爱情自由、婚姻自主的呼声，也暴露了封建礼教对人们幸福生活和美好理想的摧残。

孔尚任与《桃花扇》

《桃花扇》剧照

孔尚任（1648 ~ 1718），中国清代戏曲作家。山东曲阜人，孔子第六十四代孙。代表作是《桃花扇》。

《桃花扇》的基本内容是：明崇祯年间，复社文人、河南名士侯方域在南京避乱，其间欲寻一位秦淮女子以慰寂寞。听说名妓李香君貌美绝色，非常想结识。但苦于无钱，不敢冒昧前往。奸臣马士英的妹丈杨龙友得知此事，向魏忠贤的余孽阮大铖献计，要他帮助出资，以拉拢侯方域，希望侯方域为阮大铖说情，让复社领袖陈贞慧和吴应箕不要再和阮大铖作对。

侯方域与李香君一见钟情。新婚之际，杨龙友向侯方域说明真相。侯方域听信了杨龙友的话，答应帮助阮大铖。可因为阮大铖是祸国殃民的阉党，李香君严辞叫侯方域拒绝。因此，阮大铖对侯方域、李香君怀恨在心。

这时武昌统帅左良玉要移师南京，侯方域怕引起内乱，就写信劝阻左良玉。阮大铖借此事诬陷侯方域勾结左良玉搞叛乱，怂恿凤阳巡抚马士英杀他。侯方域逃往史可法处避难。

甲申三月，明崇祯帝自尽，奸臣马士英、阮大铖马上迎立福王，在南京建立南明朝廷。马、阮二人又开始作威作福。阮大铖强逼李香君给人做妾，香君不从，倒地撞头，血喷满地，连侯方域送给他的定情诗扇都溅上了血，总算有人顶替才算解围。后来杨龙友将扇面上的血迹改画成一株桃花，香君托人将扇子送交侯方域，请他早日回来与她相聚。侯方域返回南京，适逢马士英、阮大铖大肆搜捕复社党人，侯方域被捕，未能见到香君。此时香君也被阮大铖选送入宫，充当歌伎。在宫中，李香君大骂祸国殃民的奸臣，遭到软禁。

清兵南下，南京失陷。侯方域乘机出狱住在栖霞山，与逃难的李香君在白云庵相遇，他们割断“花月情根”，双双出家去了。

《桃花扇》通过侯方域和李香君的爱情主线，尤其是通过象征他们爱情命运的一把扇子把包括南明兴亡的历史内容有机地串联在一起。最后，以张道士撕扇，侯、李入道的爱情悲剧，来衬托国破家亡的严酷现实。

明朝灭亡后，孔尚任第一个以戏曲的形式，展现了明朝末年复杂的社会矛盾和民族矛盾，评价了南明的历史，艺术地总结了这一历史教训。《桃花扇》一问世，便震动京城，连康熙皇帝也要索阅，据记载当时的演出的盛况也是空前的。

在人物描写中，孔尚任竭力把人物的历史作用与自己的爱憎褒贬统一起来，这种鲜明的倾向性、表现手法的多样性和对人物恰如其分的描写，形成了《桃花扇》中人物形象的显著特色。

作为一部历史剧，《桃花扇》的杰出成就在于：作者从戏剧艺术的要求出发，把历史的真实性和艺术的真实性完美地统一了起来，在尊重历史基本事实的前提下，进行了必要的加工，反映了历史的本质。其语言既有戏剧的表演性又富于文采，达到了戏剧性与文学性的统一。这一切使《桃花扇》成为明清传奇戏曲的压卷之作。

曹禺与《雷雨》

曹禺（1910～1996），中国剧作家、戏剧教育家。本名万家宝，字小石。1933年曹禺完成了他第一部多幕话剧《雷雨》。

《雷雨》剧照

话剧《雷雨》是著名剧作家曹禺的开山之作，也是他的成名之作。无论是从故事层面、戏剧效果，还是从更深的人生哲理意蕴，《雷雨》都是一部精彩之作。《雷雨》剧作成于1933年，它以1923年前后的中国社会为社会背景，描写了一个以周朴园为代表的带有浓厚的封建色彩的资产阶级家庭的生活悲剧。通过周鲁两家人之间复杂的人物关系和尖锐的矛盾冲突，生动地勾勒出现实社会的阶级关系，反映了当时历史的某些方面。作者怀着被压抑的愤懑和对受侮辱受迫害的善良的人民的深切同情，揭露了旧中国旧家庭的种种黑暗罪恶的现象和地主资产阶级专横、冷酷与伪善，预示了旧制度必然崩溃的命运。

剧中有着“最残酷的爱”和“最不忍的恨”；有着“最雷雨”的女人，也有着如“一棵弱不禁风的草”般的男人；有在岁月中历炼得冷酷但仍残存着一丝温情的老人，也有对生活尚充满幻想的孩子。在这最浓缩的时间与空间里，所有的人都在纠缠着，挣扎着，或为了实现救赎，或为了追求梦想，或为了保持一点眼前的平静，可一切的努力都是无力的，最终的毁灭无可避免。作者欲表达一种人类的命运，人对于一种神秘不可知的力量的“无名的恐惧”和“不可言喻的憧憬”。这是一个23岁青年的激情之作，需要人们以激情去读、去看、去感受。多年来《雷雨》不是作为神秘剧而是作为社会剧被欢迎的，作者对于人们就其作品所作的“暴露大家庭的罪恶”的解释也表示了追认，这或许说明了这部作品内涵的丰富性。

剧中主要人物的结局有的死，有的逃，有的变成了疯子。剧本的这种强烈的悲剧性，不只深刻地暴露了资产阶级的罪恶和他们庸俗卑劣的精神面貌，而且引导观众和读者不得不追溯形成这种悲剧的社会原因。这正是《雷雨》深刻的思想意义之所在。

《雷雨》主要有三对矛盾，组成全剧的三条线索，展开一连串激烈的冲突。一条是周朴园和繁漪的矛盾，反映着封建势力对爱情的禁锢、压迫与争取家庭民主、自由的斗争；一条是侍萍、四风等人与周朴园的矛盾，反映着被污辱被损害的下层人民同剥削阶级势力的斗争；还有一条是鲁大海与周朴园的矛盾，反映着工人阶级同资产阶级的斗争。周朴园和繁漪的冲突是剧情发展的中心线索，但它只有同其他几条线索交织在一起，才完整地构成了带封建色彩的资产阶级家庭和旧社会腐败没落的图景。剧情发展人情人理，既合乎生活逻辑，又合乎人物性格逻辑，最后高潮出现，具有不可抗拒的说服力。

《雷雨》人物不多，却关系复杂，有着夫妻、父子、母子、兄弟、主仆等多种复杂的关系。各个人物之间的血缘或亲属等关系组成一张错综的网，具有这些关系的人物又都共在一个大的矛盾漩涡之中，戏剧性极强。30 多年间周鲁两家的矛盾始终交织在一起，贯穿全剧。人物形象也在情节发展中得到了充分的体现。作者通过尖锐的戏剧冲突和富有性格特征的对话，对人物形象作了深刻的心理描绘。他们都有鲜明的个性，每一个人物都显示了他的作为社会人的丰富内容，以各自的遭遇和命运激动人心。

剧中一号周朴园

戏剧结构严密紧凑，完整集中。全剧四幕，在一天的时间（上午到午夜两点钟）、两个舞台背景（周家的客厅，鲁家的住房）内集中地表现出两个家庭和它们的成员之间前后30 年的错综复杂的纠葛。它写的主要是属于资产阶级的周家，同时又写了直接受到掠夺和侮辱的鲁家。作者巧妙运用了“回顾”和“穿插”的方法，把“现在的戏剧”和“过去的戏剧”交织在一起，充分表现了周鲁两家尖锐集中的矛盾冲突，剧情发展紧张激烈。作品大胆吸取了外国优秀剧作的丰富经验，成功地推出了具有中国特色的戏剧性强、爆发力大的剧作。

老舍与《茶馆》

老舍（1899～1966），中国小说家、戏剧家，原名舒庆春。青年时期易名舒舍予，老舍是他长期使用的主要笔名。

最初，老舍以小说作家著称于世。代表作有《骆驼祥子》、《离婚》、《四世同堂》、《月牙儿》、《我这一辈子》。其中《骆驼祥子》一书，已列入世界文学名著之林。老舍的戏剧创作是从抗日战争初期开始的。先后写出了多幕话剧《残雾》、《张自忠》、《面子问题》、《大地龙蛇》、《归来去兮》、《谁先到了重庆》。这是老舍戏剧创作的第一个丰收期。

拓展阅读

骆驼祥子

骆驼祥子》是老舍的代表作之一，主要是以北平（今北京）一个人力车夫祥子的行踪为线索，以二十年代末期的北京市民生活为背景，以人力车夫祥子的坎坷、悲惨的生活遭遇为主要情节，深刻揭露了旧中国的黑暗，控诉了统治阶级对劳动者的剥削、压迫，表达了作者对劳动人民的深切同情，向人们展示军阀混战、黑暗统治下的北京底层贫苦市民生活于痛苦深渊中的图景。

从1949年老舍归国到他逝世的17年间，是他戏剧创作的第二个丰收期。先后发表、出版的话剧剧本有《方珍珠》（1950）、《龙须沟》（1950）、《春华秋实》（1953）、《西望长安》（1956）、《茶馆》（1957）、《女店员》（1959）、《全家福》（1959）等20余部。特别是《龙须沟》和《茶馆》这两部剧作，成为迄今为止新中国话剧创作中的典范性作品，也为新中国的话剧艺术赢得了国际声誉。

三幕话剧《茶馆》以北京的一家茶馆的兴衰变迁为背景，通过清末、民初、抗战胜利以后三个历史横断面的描写，展示了长达半个世纪的半封建半殖民地旧中国繁杂而广阔的社会生活，以小茶馆反映社会时代的大风云。每一幕写一个时代。剧中人物众多，北京各个阶层的三教九流人物，出入于这家茶馆。老舍通过以茶馆老板王利发为中心的三个时代几十个人物在茶馆里的生活片段，表现出一副气势宏伟的历史长卷，把旧中国必然要灭亡的历史规律展现在人们的面前。全剧人物 70 多名，但安排有序，每个人物的出场，都从不同角度体现着主题。茶馆掌柜王利发、旗人常四爷和民族资本家秦二爷是贯穿全剧的中心人物。最后三位老人撒纸钱的场景成为全剧的高潮，集中展示着他们内心的痛苦、困惑和对那个腐朽时代的诅咒，也预示着那个时代必然灭亡。

作家老舍

《茶馆》的人物塑造好，生活气息浓，语言精彩、简洁、生动、传神、隽永，达到了炉火纯青的艺术境界。它把深邃的思想寓于朴素无华的艺术中，是现实主义戏剧的新开拓和巨大成就。在《茶馆》中，老舍成功地实践了他一向为自己规定的三个方面的艺术追求，即写自己真正熟悉的人和事：写作时眼睛要老盯住笔下的人物不放，“不能因事而忘了人”；人物的对话必须是真正性格化的语言。《茶馆》充分展示了老舍作品所独有的“京味”风格，是老舍戏剧创作的顶峰，也是中华人民共和国成立后的话剧精品之一。

四大徽班与京剧

四大徽班是指清代乾隆年间活跃于北京剧坛的三庆、四喜、和春、春台四个著名徽班的合称。徽班，是以安徽籍艺人为主，兼唱二簧、昆曲、梆子、啰啰等腔的戏曲班社。清乾隆五十五年（1790），为给皇帝祝寿，从扬州征调了以著名戏曲艺人高朗亭为台柱的“三庆”徽班入京，成为徽班进京的开始。此后又有四喜、启秀、霓翠、和春、春台等安徽班相继进京。在演出过程中，六班逐步合并成为三庆、四喜、春台、和春四大徽班。徽班在原来兼唱多种声腔戏的基础上，又合京、秦二腔，特别是吸收秦腔在剧目、声腔、表演各方面的精华，以充实自己。同时适应北京观众多方面的需要和发挥各班演员的特长，逐渐形成了四大徽班各自不同的艺术风格，表现为：“三庆的轴子（指以连演整本大戏见长）；四喜的曲子（指以演唱昆曲戏著称）；和春的把子（指以擅演武戏取胜）；春台的孩子（指以童伶出色）。”嘉庆、道光年间，徽班又吸收楚调的特点，为汇合二簧、西皮、昆、秦诸腔向京剧衍变奠定了基础。因此“四大徽班”进京，被视为京剧诞生的前奏，在京剧发展史上具有重要意义。

> 广角镜
>
> **嘉庆简介**
>
> 嘉庆帝颙琰，清高宗弘历第十五子。生于乾隆二十五年（1760），初名永琰，母孝仪纯皇后魏佳氏。五十四年（1789）被封为嘉亲王，乾隆六十一年正月初一登基，改元为嘉庆，在位25年。卒于嘉庆二十五年（1820）。终年61岁。庙号仁宗，葬于河北易县清西陵之昌陵。

梅兰芳与四大名旦

梅兰芳（1894～1961），京剧演员，工旦脚。原籍江苏泰州，生于北京。出身京剧世家。

梅兰芳八岁学戏，十岁第一次登台。在半个世纪的舞台生活中，创造了多种艺术形象，其中有赵艳容（《宇宙锋》）、白娘子（《金山寺》、《断桥》）、林黛玉（《黛玉葬花》）、晴雯（《千金一笑》）、梁红玉（《抗金兵》）、穆桂英（《穆柯寨》、《穆桂英挂帅》），还有西施（《西施》）、虞姬（《霸王别姬》）、杨玉环（《贵妃醉酒》）。这些性格鲜明的艺术形象，体现了中国妇女各种美好的品德与个性。梅兰芳善于运用歌唱、念白、身段、舞蹈等技巧，把人物的心理状态刻画入微。他善于表现人物细腻的感情，运用艺术手段自然、和谐，富有节奏感，在质朴中见俏丽，妩媚中显大方。

梅兰芳在50余年的舞台生活中，精心钻研，勇于革新，创造了众多优美的艺术形象，积累了大量优秀剧目。他对京剧旦脚的唱腔、念白、舞蹈、音乐、服装和化妆各方面都有所创造和发展，形成一个具有独特风格的艺术流派，世称“梅派”。他深受国内广大群众的喜爱，并在国际上享有盛誉，被誉为“四大名旦”之首。

梅兰芳大师

四大名旦是指20世纪20年代京剧旦行先后成名的四位有代表性的演员：梅兰芳、尚小云、程砚秋、荀慧生。1927年，由北京《顺天时报》发起选举，由群众投票，并未指定名额。选票印于该报一角，选举人剪下选票，填上拟选演员的姓名即可。但选票上规定：被选旦脚以挂头牌而又有个人小本戏的为限。选举结果，前四名的名次依次为梅兰芳、尚小云、程砚秋和荀慧生。这就是四大名旦的最早来源。四大名旦在艺术上不断进取，表演、唱腔精益求精，各有独门剧目陆续问世，形成流派。四大名旦在京剧史上的地位，也成为稳固不易的局面。

京 剧

京剧是中国传统戏曲中最优秀的剧种。京剧产生在清朝中叶，有将近200多年的历史，它吸收了许多地方戏的精华，又受到了北京地区的语言和风俗习惯影响，逐渐形成了在中国最有影响的剧种。京剧虽然诞生在北京，但它不是北京的地方戏，中国各地都有演出京剧的剧团。

京剧的表演形式很有特色，它既不同于歌剧，也不同于舞剧，更不同于话剧，而是一种唱、念、做、打并重的艺术。京剧的唱，有一定的腔调，能表达出剧中人物的各种感情。京剧的念，是剧中角色除了唱以外说的话。京剧的做，是动作和表情的表演。京剧的打，是用舞蹈化的武术表演的搏斗。在长期的发展过程中，京剧形成了一套虚拟表演动作，比如：一条桨可以代表一只船，一条马鞭可以代表一匹马，演员不需要任何布景和道具，能表现出上楼、下楼、开门、关门等动作。这些动作经过了夸张，但是能给观众既真实又优美的感觉。京剧把这些表演手段组织成一个和谐的整体，演员一上台，通过唱、念、做、打，就能把剧中人物的身份、处境、思想、感情以及故事发生的时间、地点都表现出来。

京剧脸谱

京剧演员分生、旦、净、丑四个行当。“生”所扮演的是男性人物，根据角色年龄、身分、性格的不同，又分老生、小生和武生。著名的老生演员有马连良、周信芳、马长礼等，著名的小生演员有叶盛兰、姜妙香、俞振飞等；著名的武生演员有盖叫天、李少春等。“旦”扮演的都是女性人物，又分青衣、花旦、老旦、小旦、武旦、刀马旦等。著名的旦角演员有 20 世纪 20 年代出现的“四大名旦”：梅兰芳、程砚秋、尚小云、荀慧生等。“净”扮演的是性格豪爽的男性，特征是要勾画成花脸，所以也叫“花脸”，著名的花脸演员有裘盛戎、袁世海等。“丑”扮演的是一些活泼、幽默、机智的男性人物，有时也演阴险狡猾的角色，又叫“小花脸”，有名的丑角演员有萧长华、马富禄等。

京剧的化妆也很有特点，“生”、“旦”的“描眉”、“吊眉”、“画眼圈”对面部表情很有帮助。“净”、“丑”的化妆要根据京剧的脸谱勾画，目的是为了表现人物的性格，比如：忠勇的人要画红脸，奸诈的人要画白脸。

越剧

我国五大戏曲剧种之一，亦有“全国第二大剧种”之称。

越剧主要流行于浙江、上海以及其他省市。它是在清代浙江嵊县一带的山歌小调的基础上吸收余姚滩黄、绍剧等剧种的剧目、曲调、表演艺术而初步形成的。当时称为“小歌班”或“的笃班”。1916 年在上海演出，称“绍兴文戏”。20 世纪 30 年代又发展成全部由女性演员演出的“女子绍兴文戏”。抗日战争时期在浙东敌后根据地曾加以改革，受到话剧、昆剧的影响。

拓展思考

昆剧

昆曲，发源于 14、15 世纪苏州昆山的曲唱艺术体系，揉合了唱念做表、舞蹈及武术的表演艺术。现在一般亦指代其舞台形式昆剧。昆曲以鼓、板控制演唱节奏，以曲笛、三弦等为主要伴奏乐器，主要以中州官话为唱说语言。

越剧《梁山伯与祝英台》舞台照

1942 年 10 月，著名越剧表演艺术家袁雪芬对传统越剧进行了全面的改革，称为“新越剧”。新越剧改变了以往“小歌班”明快、跳跃的主腔“四工腔”，一变为哀婉舒缓的唱腔曲调，即“尺调腔”和“弦下腔”，把越剧唱腔艺术推进到一个新的阶段。越剧的所有流派都是在“尺调腔”和“弦下腔”的基础上发展并丰富起来的。后来这两种曲调成为越剧的主腔，并在此基础上，逐渐形成了各自的流派唱腔。

越剧音韵优美，委婉动听，表演细腻，感情丰富，主要曲调有四工调、尺调、弦下调等。著名演员有袁雪芬、王文娟、徐玉兰等。著名剧目有《梁山伯与祝英台》、《红楼梦》、《祥林嫂》等。

豫　剧

豫剧，旧称河南梆子。因河南简称“豫”，故称豫剧。

豫剧流行于河南及北方诸省，是明代秦腔、蒲州梆子先后传入河南地区同当地民歌小调结合形成的。以梆子按节拍，节奏鲜明，主要流派分为豫东调与豫西调。豫东调因受其邻近的兄弟剧种山东梆子的唱腔的影响，男声高亢激越，女声活泼跳荡，擅长表现喜剧风格的剧目。豫西调因遗部分留了秦腔的韵味，男声苍凉、悲壮，女声低回婉转，擅长表现悲剧风格的剧目。

> **广角镜**
>
> **月琴**
>
> 月琴音箱呈满圆形，琴脖短小。全长62、音箱直径36.3厘米。琴颈和音箱边框用红木、紫檀木制，边框用六块规格一致的木板胶接而成。面板和背板桐木制。箱内置两道音梁，支两个音柱。四轴，四弦，每两弦同音，五度定弦。琴颈和面板上设八或九个品位。

豫剧乐队的文场主奏乐器，早期为大弦（八角月琴，演奏员兼吹唢呐）、二弦（竹或木质琴筒蒙桐木面的高音小板胡）和三弦（拨弹乐器）。20世纪30年代，引进了板胡，大弦、二弦逐渐弃置，改用中音板胡（俗称“瓢”）为主弦。20世纪50年代以后，一般的文场中逐渐增添了二胡、琵琶、竹笛、笙、闷子、大提琴等。有的还增加了坠胡、古筝等。亦有增加小提琴、中提琴及西洋铜管、木管乐器的，组成中西混合乐队。豫剧文场中的传统伴奏曲牌有300多个，其中唢呐曲牌130多个，横笛曲牌20多个，丝弦曲牌170

多个。

著名演员有常香玉、牛得草等，代表剧目有《穆桂英挂帅》、《拷红》、《七品芝麻官》、《花木兰》及《朝阳沟》等。

评 剧

评剧流行于北京、天津和华北、东北一带，早期叫“蹦蹦戏”、“落子”，起源于清末，基于河北的曲艺莲花落，吸收河北梆子、京剧、滦州皮影的剧目、音乐和表演方法，是在对口莲花落、唐山落子、奉天落子上发展而成的。

知识小链接

唱腔

唱腔可以指：中国戏曲中，需要穿插曲调（如歌谣体、曲牌体）的演唱法的总称。重金属音乐中，有一般通俗歌曲唱腔、死亡金属或黑金属的低沈咆哮式嘶吼唱腔等。

评剧的艺术特点是：以唱工见长，吐字清楚，唱词浅显易懂，演唱明白如诉，表演生活气息浓厚，有亲切的民间味道。它的形式活泼、自由，最善

评剧《秦香莲》舞台照

于表现当代人民生活，因此城市和乡村都有大量观众。评剧唱腔是板腔体，有慢板、二六板、垛板和散板等多种板式。新中国成立后，评剧音乐、唱腔、表演的革新取得显著成就，特别是改变了男角唱腔过于贫乏的弊病，男声唱腔有了新的创造。

评剧著名演员有小白玉霜、新凤霞等，代表剧目有《秦香莲》、《小女婿》、《刘巧儿》等。

黄梅戏

黄梅戏，旧称黄梅调或采茶戏，与京剧、评剧、越剧、豫剧并称为中国五大剧种。它发源于湖北、安徽、江西三省交界处的黄梅县多云山，与鄂东和赣东北的采茶戏同出一源。清道光前后，产生和流传于皖、鄂、赣三省间的黄梅采茶调、江西调、桐城调、凤阳歌，受戏曲青阳腔、徽调的影响，与莲湘、高跷、旱船等民间艺术相结合，逐渐形成了一些小戏。经过一段时间的发展，又在吸收“罗汉桩”、青阳腔、徽调的演出内容和表演形式的基础上，产生了故事完整的本戏。在从小戏过渡到本戏的过程中，曾出现过一种被老艺人称为“串戏”的表演形式。所谓“串戏”是指那些各自独立而又彼此关连的一组小戏。这些小戏有的以事“串”，有的则以人“串”。“串戏”的情节比小戏丰富，出场的人物也突破了小丑、小旦、小生的三小范围。其中一些年龄大的剧中人物需要用正旦、老生、老丑来扮演。这就为本戏的产生创造了条件。在 1921 年出版的《宿松县志》中，第一次正式提出

黄梅戏《天仙配》舞台照

"黄梅戏"这个名称。

黄梅戏唱腔委婉清新，分花腔和平词两大类。花腔以演小戏为主，富有浓厚的生活气息和民歌风味，多用"衬词"如"呼舍"、"喂却"之类。代表唱段主要有"夫妻观灯"、"蓝桥会"、"打猪草"等；平词是正本戏中最主要的唱腔，常用于大段叙述、抒情，听起来委婉悠扬，代表唱段主要有"梁祝"、"天仙配"等。现代黄梅戏在音乐方面增强了"平词"类唱腔的表现力，常用于大段抒情、叙事，是正本戏的主要唱腔；突破了某些"花腔"专戏专用的限制，吸收民歌和其他音乐成分，创造了与传统唱腔相协调的新腔。黄梅戏以高胡为主要伴奏乐器，加以其他民族乐器和锣鼓配合，适合于表现多种题材的剧目。

著名演员有严凤英、王少舫、马兰等，演出的传统剧目有《天仙配》、《女驸马》、《牛郎织女》等。

河北梆子

河北梆子是至今仍然活跃在舞台上的古老戏曲剧种之一，至今约有两百多年历史。它源于山西、陕西的梆子腔，属梆子腔系的一个支脉，流行于河北省南部、天津和北京。河北梆子唱腔集三地的民风音韵为一体，曲调高亢激昂，有"燕赵多慷慨悲歌之士"的风范，适合演唱悲壮内容的戏剧。

历史上，河北梆子曾有过"直隶梆子"、"京梆子"、"卫梆子"等几种名称，但这些名称只是不同阶段的称呼，不是指派别。河北梆子进入第二个阶段——"卫梆子"之后，形成了固定的唱腔体系，然后在三个地区中依自身的条件继续发展。

著名的河北梆子大师裴艳玲的演出曾轰动中国香港和新加坡，尤其是她饰演的钟馗，形神兼备唱腔高亢，突出地表现了钟馗因为貌丑落第的无奈心情。和河南梆子的风格完全不同，河南梆子曲调诙谐有趣，适合演轻松的喜剧。

吕剧

吕剧是山东省地方戏曲剧种之一，曾名“化装扬琴”、“琴戏”。系由民间说唱艺术“山东琴书”（坐腔扬琴）发展演变而来。起源于山东以北黄河三角洲，流行于山东和江苏、安徽部分地区。最初的吕剧班大都走乡串村，演出于田间地头，影响甚小。1910 年前后搬上舞台。1953 年戏曲改革中由山东省戏改组定名吕剧。1953 年山东省吕剧院成立之后，吕剧成为遍及山东、享誉全国的剧种。

基本小知识

大锣

大锣身为一圆型弧面，多用铜制结构，其四周 以本身边框固定；锣槌为一木槌。锣身大小有多种规格，小型锣在演奏时用左手提锣身，右手拿槌击锣；大型锣则须悬挂于锣架上演奏。

吕剧唱腔以板腔体为主，兼唱曲牌。曲调简单朴实、优美动听、灵活顺口、易学易唱。基本板式有“四平”、“二板”（包括“垛子板”和“流水”）、“娃娃”三种。吕剧的伴奏乐器分文场和武场。文场主要乐器是坠琴、扬琴，其次为二胡、三弦、琵琶、笛子、唢呐等，可视剧情酌情增减。新中国成立后又增加了一些西洋管弦乐器。伴奏多采用“学舌”（对位）形式。如二板伴奏模仿唱腔一句，四平伴奏模仿唱腔的下半句或尾腔。武场伴奏乐器主要有皮鼓、板、大锣、小锣、大铙钹、堂鼓、打鼓等。

吕剧的演唱方法，男女腔均用真声为主，个别高音之处则采用真假声结合的方法处理，听起来自然流畅。吕剧的唱腔讲究以字设腔，以情带声，吐字清晰、口语自然。润腔时常用滑音、颤音、装饰音，与主要伴奏乐器坠琴的柔音、颤音、打音、泛音相结合，以及上下倒把所自然带出的过渡音、装饰音浑然一体，使整个唱腔优美顺畅。

粤 剧

粤剧的历史可追溯到明朝中叶。明中叶弋阳腔、昆腔等外来剧种传入广东。到了清朝，徽调、汉调以及梆子等戏又相继流入，使得广东各种声腔聚集。这些声腔互相影响、渗透，又吸取了珠江三角洲的民间音乐，逐渐形成了新兴的本地剧种。辛亥革命时期，又对其语言、演唱方式、剧本等进行了改良。以后粤剧又从话剧、西方电影、音乐、时代歌曲中吸取经验，进一步发展，逐渐形成了“省港大班”和“落乡班”（也作“过山班”），前者进入大城市剧场演出，创作部门齐全，声势浩大；后者流行于乡镇，保持古朴风貌。新中国成立后，这两大派别互相交流、借鉴，逐步形成了目前的粤剧。

知识小链接

萨克斯

萨克斯是以发明者的名字命名的木管乐器，音色介于木管乐器和铜管乐器之间。

粤剧的主要声腔为梆子和二黄，在其发展中，二黄的比重逐步增大。粤剧伴奏在民乐基础上吸收了西洋乐器，尤其是爵士乐乐器，如电吉他、爵士鼓、小提琴、萨克斯、弱音小号等。

粤剧的剧目传统与现代并存，并将不少话剧、优秀电影作品改编成新戏。著名演员有马师曾、红线女等。剧目有《胡不归》、《白金龙》、《搜书院》、《关汉卿》、《平贵别窑》、《水勇英烈传》、《李香君》及《牡丹亭》等。

随着广东籍同胞在世界各地定居，粤剧也被带往国外，新加坡、东南亚、美洲等地的粤剧极受欢迎，有着不少专业和业余的团社，演出层出不穷。

昆 曲

昆曲形成的历史，可谓源远流长，它起源于元朝末年的昆山地区，至今已有六百多年的历史。宋、元以来，中国戏曲有南、北之分，南曲在不同地方唱法也不一样。元末，顾坚等人把流行于昆山一带的南曲原有腔调加以整理和改进，称之为“昆山腔”，为昆曲之雏形。

明朝嘉靖年间，杰出的戏曲音乐家魏良辅对昆山腔的声律和唱法进行了改革创新，吸取了海盐腔、弋阳腔等南曲的长处，发挥昆山腔自身流丽悠远的特点，又吸收了北曲结构严谨的特点，运用北曲的演唱方法，以笛、箫、笙、琵琶的伴奏乐器，造就了一种细腻优雅，集南北曲优点于一体的“水磨调”，通称昆曲。

广角镜

琵琶的历史来源

琵琶又称“批把”，最早见于史载的是汉代刘熙《释名·释乐器》：“批把本出于胡中，马上所鼓也。推手前曰批，引手却曰把，象其鼓时，因以为名也。”意即枇把是骑在马上弹奏的乐器，向前弹出称做批，向后挑进称做把；根据它演奏的特点而命名为“批把”。在古代，敲、击、弹、奏都称为鼓。当时的游牧人骑在马上好弹琵琶，因此为“马上所鼓也”。大约在魏晋时期，正式称为“琵琶”。

清代昆曲（流行于江苏一带）经过几代文人的加工整理，吸取了海蓝腔、弋阳腔和当地民间曲调后更加丰富，曲调舒徐婉转；伴奏乐器有笛、萧、笙、琵琶、鼓板、锣等；剧本主要是传奇性的；表演注重动作优美、舞蹈性强，形成了特有的风格；在舞台艺术上继承了古代民族戏曲表演经验，创造了完整的民族戏曲表演体系。隆庆、万历以后传入各地，对许多地方曲种产生了影响，形成了一种广泛的声腔系统，但自清代中叶之后逐渐衰落。

新中国成立后，为了挽救这一古代文化遗产，整理改编了《十五贯》等传统剧目，使昆腔有了新的生命。

该剧种于2001年5月18日被联合国教科文组织命名为“人类口述遗产和非物质遗产代表作”称号。2006年5月20日，昆曲经国务院批准列入第一批国家级非物质文化遗产名录。

川　剧

明末清初，高腔、昆腔、胡琴腔、弹腔以及四川民间花灯戏经常同台演出，渐渐互相借鉴、融合，逐渐改用四川方言演唱，形成统一的演唱风格，川剧由此产生。当时叫“川戏”，后改称“川剧”。

拓展阅读

唢呐

唢呐，又名喇叭，小唢呐称海笛。唢呐，在木制的锥形管上开八孔（前七后一），管的上端装有细铜管，铜管上端套有双簧的苇哨，木管上端有一铜质的碗状扩音器。唢呐虽有八孔，但第七孔音与筒音超吹音相同，第八孔音与第一孔音超吹音相同。

川剧的声腔也因此分为昆、高、胡、弹、灯五种，并各有特色。川剧的演唱风格朴实优美，风趣自然，深受观众喜爱。

川剧的音乐锣鼓占重要部分，常用的伴奏乐器有小鼓、堂鼓、大锣、大钹、小锣、弦乐、唢呐等，由小鼓统一指挥。川剧锣鼓的表现力在中国戏曲中有着突出的表现。

川剧的行当分生、旦、净、末、丑、杂六大类，并有更细的划分。

在长期的发展中，川剧以河道（流行地区）的不同而分为川西、资阳河、川北、川东四大派别。

在表演上，川剧脸谱的“变脸”有其独到之处，为其他的剧种所少见。

川剧的剧目十分丰富，传有“唐三千、宋八百、数不完的三列国”之说。新中国成立后又编写了不少优秀的新剧目。

川剧“变脸”

秦 腔

秦腔流行于陕西及邻近各省，明中叶以前在陕甘一带民歌基础上形成。发展过程中受昆腔、弋阳腔、青阳腔的影响。音调激越高亢，以梆子按节拍，节奏鲜明，唱句基本为七字句，音乐为板腔体。明末清初传入南北各地，对许多剧种产生影响，成为梆子腔（乱弹）体系中的代表剧种。流行于陕西省的秦腔，以西安乱弹为主，又有同州梆子（东路秦腔）、西府秦腔（西路梆子）和汉调桄桄（南路秦腔）、中路秦腔等支派。

秦腔唱腔分欢音、苦音两种，前者表现欢快、喜悦情绪，后者抒发悲愤、凄凉情感。板式有慢板、二六、代板、起板、尖板、滚板及花腔，其中拖腔尤富特色。主奏乐器为板胡，发音尖细而清脆。秦腔的表演朴实、粗犷、豪放，富有夸张性，“唱戏吼起来”被誉为关中八大怪之一。角色行当分为四生（老生、须生、小生、幼生）、六旦（老旦、正旦、小旦、花旦、武旦、媒旦）、二净（大净、毛净）、一丑，计十三门，又称“十三头网子”。

秦腔是我国古老剧种之一，新中国成立后演出了许多优秀剧目，有《血泪仇》、《三滴血》、《赵氏孤儿》等。

沪　剧

沪剧流行于上海、江浙部分地区。源于上海浦东的民歌，清末形成上海滩黄（当地称“本滩”），在后来的发展中受苏州滩黄的影响，后来采用文明戏的演出形式，发展为小型舞台剧“申曲”，抗日战争后定名为“沪剧”。沪剧曲调优美，富于江南乡土气息，主要有长腔长板、三角板、赋子板等，擅长表现现代生活。解放后编演了《罗汉钱》、《星星之火》、《红灯记》及《芦荡火种》等剧目，影响很大。

花鼓戏

湖南的花鼓戏是山歌、小调和花鼓发展起来的。长沙花鼓戏是众多花鼓戏中影响较大的一支，是以长沙官话为语言的花鼓戏。虽然新中国成立前，长沙花鼓戏一直被当局斥为“淫戏”，但在广大农村，仍是十分活跃。

长沙花鼓戏的声腔分为川调、打锣腔和小调，兼有声腔格式和民歌结构，有着强烈的生活气息，属曲牌联缀体。

长沙花鼓戏的伴奏分文武场，主要有唢呐、堂鼓、大锣等，后为增加其音乐效果，增加了二胡、三弦、琵琶等乐器。

你知道吗

二胡的历史起源

二胡始于唐朝，已有一千多年的历史。它最早发源于我国古代北部地区的一个少数民族，那时叫“奚琴”。宋朝学者陈蜴在《乐书》中记载“奚琴本胡乐也……”唐代诗人岑参所载“中军置酒饮归客，胡琴琵琶与羌笛”的诗句，说明胡琴在唐代已开始流传，而且是中西方拉弦乐器和弹拔乐器的总称。二胡，过去主要流行于长江中下游一带，所以又称为南胡。

长沙花鼓戏以“三小”（小生、小旦、小丑）的戏最重，其传统剧目有300多个，新中国成立后对这些戏进行了挖掘、整理和改编，也创作了一批新戏，主要剧目有《刘海砍樵》等。

皮影戏

皮影戏

皮影戏又名“灯影子”，是我国民间一种古老而奇特的戏曲艺术，在关中地区很为流行。皮影戏演出简便，表演领域广阔，演技细腻，活跃于广大农村，深受农民的欢迎。

皮影的制作十分精细，影子选料讲究，用上好的驴皮或牛皮在水中泡软后，经过泡制，使其光滑透明，然后精心雕刻，涂上艳丽的色彩。人物、动物等均刻成侧影，干透后刷上桐油。四肢、头部可动，用细长的木棍牵制表演。演出时，用一块白纱布作屏幕（屏幕大小根据场地而定，基本像小电影的银幕），操作皮影者站在屏幕下，把皮影贴到屏幕上，灯光从背后打出，观众坐在相对灯光方向观看。皮影戏以秦腔为主，演唱者和操纵者配合默契。表演技术娴熟的，关中人称其为“把式”，一手拿两个甚至三个皮影，厮杀、对打，套路不乱，令人眼花缭乱。皮影戏的传统剧目有《游西湖》、《哪吒闹海》、《古城会》、《会阵招亲》等。

陕西皮影戏起源于汉代以前。《海阳竹枝词》中有首描写皮影戏演出的诗：“张灯作戏调翻新，顾影徘徊却逼真；环佩姗姗莲步稳，帐前活现李夫人（汉武帝李夫人）。”这是皮影戏的初级阶段，而鼎盛期为唐代，皮影造型优美，表演技术娴熟。以后的宋、元、明、清均有皮影表演。清末民初，西安有两个有名的皮影戏班子，一个是渭北皮影社，一个是江东皮影社。1950年，皮影老艺人谢德隆在政府的支持下，在北大街重新成立了“德庆皮影社”。“文革”期间，陕西皮影社受到了摧残。现在皮影戏又以新的姿态走向广大农村，成为民间艺苑中的奇葩。

木偶戏

木偶戏是由演员在幕后操纵木制玩偶进行表演的戏剧形式。在中国古代又称傀儡戏。根据木偶的结构和演员操纵方式等方面的差异，又可分为不同的种类。提线木偶在木偶的重要关节部位如头、背、腹、手臂、手掌、脚趾等，各缀丝线，演员拉动丝线以操纵木偶的动作，又称线偶或线戏，也叫悬丝木偶。托棍木偶，又称杖头木偶，在木偶头部及双手部位各装操纵杆，头部为主杆，双手为侧杆，演员操纵时左手持主杆，右手持侧杆，举起木偶操纵其动作。手套木偶，又称掌中木偶、布袋戏等，偶人身高0.27米或0.40米，头部中空，颈下缝合布内袋连缀四肢，外着服装，演员的手掌伸入布内袋作为偶人躯干，五指分别撑起头部及左右臂，相互协调操纵偶人作各种动作，偶人双脚可用另一手拨动，或任其自然摆动。

提线木偶戏

中国木偶戏历史悠久，三国时已有偶人可进行杂技表演，隋代则开始用偶人表演故事。在印度、希腊等文化古国，木偶戏已有2000多年的历史。在欧洲、北美、非洲和亚洲的很多国家，很早就有专业性的木偶剧团。在进入20世纪以后，木偶戏的演出形式日趋丰富多彩，如3个种类的综合演出，演员由幕后操纵转入前台，真人与木偶同台演出。演出剧目也日益丰富。30年代以后，木偶戏已进入电影和电视。在中国、俄国、捷克、斯洛伐克、保加利亚、法国、日本等国，都有著名的木偶艺术家。1929年，国际木偶协会成立，到80年代，其成员已有50多个国家，由它举办的国际木偶艺术节，乃是木偶艺术界的国际盛会。

藏 戏

藏戏是一个非常庞大的剧种系统，由于青藏高原各地自然条件、生活习俗、文化传统、方言语音的不同，它拥有众多的艺术品种和流派。西藏藏戏是藏戏艺术的母体，它通过来西藏宗寺深造的僧侣和朝圣的群众远播青海、甘肃、四川、云南四省的藏语地区，形成青海的黄南藏戏、甘肃的甘南藏戏、四川的色达藏戏等分支。印度、不丹等国的藏族聚居地也有藏戏流传。

藏戏是以民间歌舞形式，表现故事内容的综合性表演艺术。从15世纪起，噶举教派僧人唐东杰布立志在雪域各条江河建造桥梁，为众生谋利。他煞费苦心，募筹造桥经费，虽经三年多的努力，尚未成功。后来，他发现虔诚信徒中有生得俊俏聪明、能歌善舞的七姊妹，便召来组成戏班子，以佛教故事为内容，自编自导成具有简单故事情节的歌舞剧，到各地演出，以化导人众、募集经费。这就是藏戏的雏形。经过很多民间艺人的加工、充实、丰富和提高，藏戏早已不是最初的模样了。

藏 戏

西藏民间藏戏剧团是十分普遍的。随时随地可以见到农村的广场上，或搭大帐篷，或扯大帆布，甚至没有什么遮盖（更不用说什么布景和台幕了），藏戏班子就地演出，方圆十里的群众都会来观看，常常是围得水泄不通。在近代历史上，由于各地业余的、自发剧团的演出很多，慢慢形成各自的特点和风格，从而形成不同的流派。新中国成立前西藏著名的藏戏剧团有：江孜的江嘎尔、南木林的香巴、拉萨的觉木隆和昂仁的迥巴。现在，藏戏业余剧团十分普遍，有的地方几乎每个社队都组织了一个戏班子，像拉萨郊区的墨竹工卡县，就有二十来个业余藏戏队。

各个地区的戏班，由于历史、地理、语言、风格、造诣的差别，形成了具有不同风格的流派。

在这些流派中，有属于旧派的白面具派，有属于蓝面具的新派，也有独角戏。

属白面具的旧派，有穷结的宾顿巴、堆龙德庆的朗则娃、乃东的扎西雪巴等。因旧派戴的是白面具，所以叫做白面具派。他们的动作和唱腔都比较简单，影响较小。

新派就是迥巴、江嘎尔、觉木隆、香巴四大剧团，他们的演出开始时，由戴蓝面具的演员出场，故称蓝面具派。新派的表演艺术有较大发展，影响也比较大，慢慢就把旧派代替了。

藏戏唱腔很多，大致分为表现欢乐的长调，藏语叫“党仁”；表现痛苦忧愁的悲调，藏语称“党鲁”；表现叙述的短调，藏语称“党统”等等。

藏戏的传统剧目不少，但在二三百年的创作、演出实践中，有的被淘汰了，有的经过再创作再提炼，保留了下来。现在，藏戏的主要剧目有 8 个：《文成公文和尼泊尔公主》、《朗萨唯蚌》、《苏吉尼玛》、《卓娃桑姆》、《诺桑法王》、《白马文巴》、《顿月顿珠》、《赤美滚丹》。当然，还有其他一些剧目，不过这 8 个戏是大多数剧团都演出过的、公认保留的剧目而已。

傩 戏

傩戏，也称为傩舞，是中国地方戏曲剧种之一。约在元明时由古代傩仪发展而成。初是以歌舞演故事，待到钟馗形象在傩仪中出现，傩戏才应运而生。

傩戏流行于四川，贵州，安徽贵池、青阳一带以及湖北西部山区。戴柳木面具的演员扮演传说中的驱除瘟疫的神——傩神，用反复的、大幅度的程序舞蹈动作表演，多在固定的节日演出，极具原始舞蹈风格。

傩戏是在傩舞的基础之上发展形成的戏剧形式。傩戏表演的主要特点是角色都戴木制假面，扮做鬼神歌舞，表现神的身世事迹。

拓展阅读

《三国演义》

《三国演义》是中国第一部长篇章回体历史演义小说，以描写战争为主，反映了蜀、魏、吴三个政治集团之间的政治和军事斗争。大概分为黄巾之乱、董卓之乱、群雄逐鹿、三国鼎立、三国归晋五大部分。

由于历史背景和所接受的艺术影响不同，傩戏分为傩堂戏、地戏、阳戏三种。地戏是由明初“调北征南”留守在云南、贵州屯田戍边将士的后裔屯堡人为祭祀祖先而演出的一种傩戏，没有民间生活戏和才子佳人戏，所演都是反映历史故事的武打戏。而阳戏则恰恰相反，它是端公法师在作完法事后演给活人看的，故演出以反映民间生活的小戏为主，所唱腔调亦多吸收自花鼓、花灯等民间小戏。

中国西南部贵州省东北部地区至今还有大量傩文化遗存，许多地方有傩戏演出。德江县至今还有六十几坛傩坛，演员上百人，德江傩戏古朴、粗放，保存着傩戏文化较多的原始形态，法事内容十分繁多。

贵州傩戏面具一般用柳木、白杨木制作，在面具造型上，注重人物性格的刻画，依此可将傩面具分为几大类：正神、凶神、世俗面具、丑角面具、牛头马面。正神都是正直善良。

傩戏的演出剧目有《孟姜女》、《庞氏女》、《龙王女》、《桃源洞神》及《梁山土地》等，此外还有一些取材于《目连传》、《三国演义》、《西游记》故事的剧目。

书法艺术

KUAILE YUEDU WENHUA ZHISHI

中国书法在世界艺术史上是独树一帜的巨大创造。它源远流长，与中国文化、艺术的发展紧密相连，息息相关。

书法欣赏是一种高雅的文化享受，要欣赏书法美又有一定的难度。这本雅俗共赏的书，将引领您在书法艺术的殿堂中遨游、驰骋，领略、体味书法艺术内蕴的真善美，获得真知与艺术美的愉悦。

书法作为一种艺术形式，不仅是记事的工具，也具有丰富的形象特征，和图画一样，它是用线条来表现的，因此有“书画同源”的说法。书法家充分发挥毛笔等书写工具的性能和书写技巧，就能创造出各种风格的作品来，给人以艺术享受，达到良好的艺术效果。

当今书法艺术都是从古代书法艺术中发展变化的，许多书法家都是继承古人书法的优秀传统而又有所创新。

和其他艺术形式不同，书法艺术和人们的生活贴得最紧，儿童从上学的第一天就要学写字，写字漂亮美观不仅便于学习、生活，还能反映一个人的品行修养和素质，故有“字如其人”的说法。书法源于写字练习，又高于一般实用性的写字，其中的讲究和文化内涵十分丰富，是中国文化乃至东方文化的一种典型的表现形式。

甲骨文书法

甲骨文又叫卜辞或殷墟文字等，是指殷商时代刻（写）在龟甲兽骨上的文字。殷人尚神，每有祭祀、战争、游猎、出行、疾病、生育等等，事无巨细，都要进行占卜以问凶吉，且把占卜的内容和应验的结果都刻在龟甲兽骨上，这些当时的特殊文字资料，随着商王朝的灭亡和商都（在现在的河南安阳小屯村）变成废墟而长期埋没在地下。后世当地农民耕田，偶有发现，把它当作“龙骨”卖给药材商贩，直到1899年才被北京一位考古的人发现，得以知道这是殷墟的遗物。从那以后，经过多次的发掘，至今出土甲骨已达十多万片。近年又在陕西发现了西周的甲骨文。甲骨文的发现，不但为研究上古史、汉语史增加了新的文献，也为我们研究

拓展思考

占卜

占卜，意指用龟壳，铜钱，竹签，纸牌或星象等手段和征兆来推断未来的吉凶祸福的迷信手法。

古文字书法和书法史提供了宝贵的资料。

知识小链接

殷墟

殷纣身死，国都为墟。指商代后期都城遗址。在今河南安阳小屯村及其周围。商代从盘庚到帝辛（纣），在此建都达二百七十三年，是中国历史上可以肯定确切位置的最早的都城。

甲骨文是我们现在所能见到的记录了大量上古语言的早期汉字，它象形、象意的“图画性”还比较强，并且尚未定型。一个字往往有繁有简，异构繁多，还有不少的合文（即两个字合为一个字写），偏旁部首的写法及位置也常不固定，字的长短、大小、正反也各无定则。不过从总体上看，它已经是很成熟的文字了，从书法的角度观察，甲骨文质朴、古雅，很有自己的特色，甲骨文的结体比较活泼自由，不像后世一些字体那样法度谨严，却也注意笔道分布的均称、平衡，尤其是对那些还保留着绘画色彩的象形字，既注意到作为文字的笔画安排，又不失却其素描式的写意神态。甲骨文的用笔如何，由于写而未刻的墨迹发现得极少，而且都不清晰因此还难于观摩，不过我们“透过刀锋看笔锋”，通过契刻（特别是那些大字刻辞）刀痕的不同，还是可

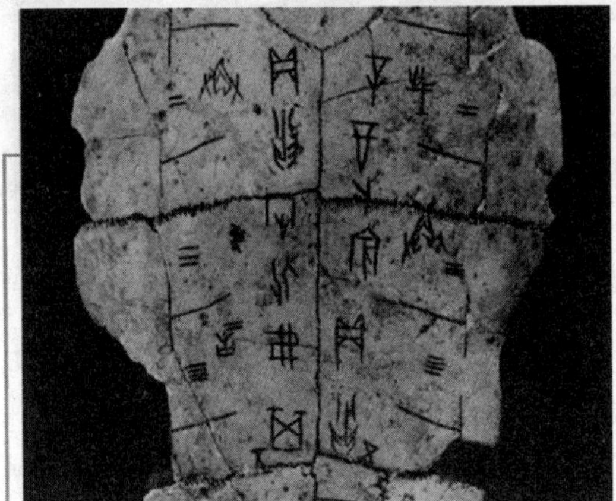

甲骨文

以窥探出当年书家的用笔也是有轻重、粗细以至刚柔变化的。至于一段刻辞的章法布局，一般都比较讲究，或疏落错综，或严密整齐，一见便知是书（刻）家事前经过周密设计的。尤其难得的是，不同时期，不同书（刻）家（即卜辞中的所谓贞人），其作品风格有明显不同，或粗犷劲道，或纤细谨密，或一丝不苟，或略肆草率。因而这种书法风格的差异，可以作为甲骨断代的重要依据之一。

金文书法

金文，也称钟鼎文、铜器铭文等，指古代铸（少数是刻）在青铜器物上的文字。在青铜器上铸铭文，始于商代，盛行于两周。商代铭文的字体跟甲骨文很相近，且字数不多，罕见有几十字的记言记事的长铭。周代金文开初承袭商代，后来不但铭言文的字数显多（最长的铭文达四五百字），而且字体也发生了较大的变化，逐渐形成了一种独具风格的新书体。周代金文，从总

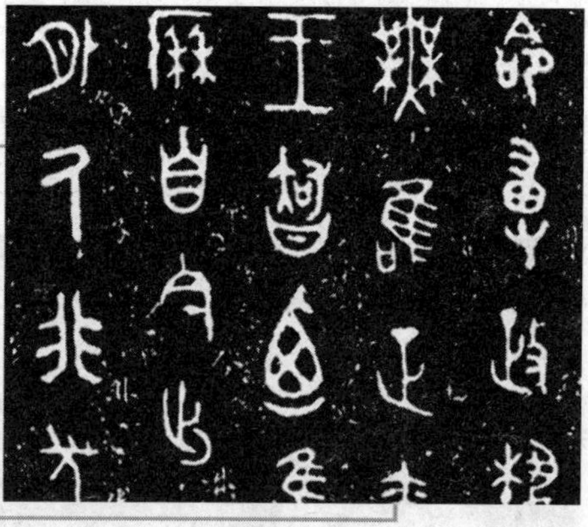

金文书法

体上说，是较之商代的甲骨文进一步稳定、规范、简化和符号化（即“依类象形”的笔意减少）了，但与后来的小篆相比，则结构仍未完全定型，一部分字笔画的增减、偏旁部首安放的位置，仍然还有一定的随意性。特别是周初金文中那些因袭商代的所谓族徽文字，甚至还保留着比甲骨文更原始、图画性更强的形态。金文的形体结构有疏有密，比甲骨文要方正整齐，笔画的

分布也更讲究均匀对称，在用笔上，笔道一般比甲骨文粗，因此使字的体势显得比甲骨文雍容厚重。

商末周初的金文盛行波捺，笔画粗肥出锋，西周后期，波捺减少或消失，多用粗细等均、首尾不露锋芒的线和。至于金文的章法，式样很多，最常见的是有竖行而无横行，字的大小、长短、宽窄错落有致，首尾均衡，韵调一贯，颇像后世行书常用的章法。也有横竖成行，甚至打上方格写的，字的大小相差不太悬殊，显得疏朗整齐。金文的体貌风格，因时代和书家的不同而呈现出百花齐放的景象。就周代金文鼎盛时期而言，有凝练厚重、雄奇挺拔的，如《大保簋》、《大盂鼎》等；有圆润工整、柔和健美的，如《静簋》、《墙盘》等；有质朴端庄，遒健舒展的，如《大克鼎》、《毛公鼎》等。风格的多样化，反映了当时文化人对书法艺术的追求和造诣。

石鼓文书法

石鼓文是战国时期秦国的石刻文字。石鼓共有十个，每个上面刻着一首四言诗，内容主要是歌颂田原之美和游猎之盛。这些石鼓是唐初在今陕西凤翔县境内发现的，经过一千多年的辗转迁徙，至今仍然保存在北京的故宫博物院里，不过字迹已经殁泐过半，其中一鼓的文字早已磨灭，我们现在能见到的石鼓文帖，是据宋代的拓本翻印的。石鼓文的字体，是周代金文到秦代小篆的过渡桥梁，它的体势、用笔以至行款格调，上与周宣王时的《号季子白盘》等相接，下与秦始皇时代的《泰山刻石》、《峄山刻石》等相通，其承前启后的过渡形态比任何别的战国文字都明显。石鼓文的结字严谨端庄，大小一致，笔道的走向和疏密布白都已有了严格的法度，偏旁部首的写

石鼓文碑拓

基本小知识

四言诗

四言诗是诗体的一种。“四言”指四字组成的诗句。四言诗指通首都是或基本是四字句写成的诗歌。在上古歌谣及《周易》韵语中，已有所见，到中国第一部诗歌总集《诗经》中，虽杂有三、五、七、八、九言之句，而基本上是四言体。

法和位置也基本固定了。笔法全用“玉着”（等粗细的线条），圆润平和，但柔中有刚。石鼓文与小篆已非常接近，除少数的笔画比小篆繁杂，写法有所不同之外，多数字从结体到用笔已与小篆没有差别或差别甚小。由此可见，秦始皇统一六国文字是以石鼓文这一派正统文字作基础的，所谓“罢其不与秦文合者”的“秦文”，就是指石鼓文这一派止统文字。

知识小链接

苏东坡

苏轼（1037 年 1 月 8 日 – 1101 年 8 月 24 日）字子瞻，号“东坡居士”，世称“苏东坡”。汉族，眉州眉山（今四川眉山，北宋时为眉山城）人，祖籍栾城。北宋著名散文家、书画家、文学家、词人、诗人，是豪放派词人的主要代表。他和父亲苏洵，弟弟苏辙合称为唐宋八大家中的“三苏”。

石鼓文的体态堂皇大度、圆活奔放，它的气质雄浑古朴、刚柔间济，近于小篆而又没有小篆的拘紧。在章法布局上，虽字字独立，却也注意到了上下左右之间的偃仰向背关系。在古文字书法中，是可以称得上别有奇彩、独具风神的。正因如此，历来许多骚人墨客，诸如杜甫、韩愈、苏东坡等，都有诗篇为它歌咏；许多书法家和书法理论家，如欧阳洵、虞世南、张怀瑾、康有为等，都很推崇它的书法。石鼓文主人安氏说石鼓文乃“千古篆法之祖”。话虽夸张，然而石鼓文对后世篆书书法的影响很大却是事实。清代以篆书著称的邓石如、吴大潋、吴昌硕等，都得力于石鼓文。当代的篆书手也少有不重视它的。

小　篆

小　篆

小篆也叫“秦篆”，是古文字发展的最后一个阶段，秦朝丞相李斯受命统一文字，这种文字就是小篆。通行于秦代。形体偏长，匀圆齐整，由大篆衍变而成。东汉许慎《说文解字·叙》称：“秦始皇帝初兼天下……罢其不与秦文合者。”

小篆在古文字中属于纯线条化的字体。它的笔画无论横竖，都是粗细等匀的线条。其直者似陈玉箸，曲者如弯金丝，藏头护尾，不露锋芒，圆润之中又颇有筋力，小篆笔画的分布都非常讲究均匀对称，整体结构环抱紧密，多有团聚内向的精神。在小篆中，象形字虽然都高度抽象化了，不过极少数字的图画性质仍然依稀可见（如朋、鸟等字），别有情趣地保留着一丝丝古汉字象形表意的特点。小篆的章法平正划一，每个字大小一样，排列方正，横竖成行（草篆除外），很能给人以整齐美。在品式众多的中国传统书法中，小篆无疑是

你知道吗

李东阳

李东阳（1447—1516）字宾之，号西涯，谥文正。汉族，祖籍湖广长沙府茶陵州（今湖南茶陵）人，寄籍京师（今北京市）。明代中后期茶陵诗派的核心人物，诗人、书法家、政治家。天顺八年进士，授编修，累迁侍讲学士，充东宫讲官，弘治八年以礼部侍郎兼文渊阁大学士，直内阁，预机务。立朝五十年，柄国十八载，清节不渝。文章典雅流丽，工篆隶书。有《怀麓堂集》、《怀麓堂诗话》、《燕对录》。

别有风彩的。

因此，尽管它在历史上作为官方正式字体使用的时间只有极短暂的十几年，然而它在书法艺术史上却占有相当的地位。俗说“真草隶篆”，其“篆”就主要是指小篆（广义地说，古文字时代的所有字体都叫篆书）。历代书法家习小篆者不乏其人，专以小篆著称于世的，唐有李阳冰，宋有徐铉、徐锴兄弟，明有李东阳，清有王澍、钱坫、邓石如等等。直到现在，小篆依然为广大书法爱好者所喜欢。

隶书

隶书，历史上也称左书、史书、八分，是打破篆书曲屈回环的形体结构并改变其笔道形态以便书写的字体。相传这种字体是秦代一个叫程邈的隶人创造的，因此叫隶书。其实，据现在已出土的文字资料看来，早在秦始皇推行小篆之前，已有隶书的萌芽，程邈只是做了一番整理加工的工作罢了。隶书始用于秦代，盛行于两汉，是汉代官方的正式书体，直到魏晋楷书广泛流行之后，才被楷书所取代。但是作为书法艺术，隶书独具一格，依然为人们所喜爱，历代都有专攻隶书的书家。

隶书在它的演变发展过程中，体势、风格先后是有相当大的变化。在秦代初创阶段，可以说是篆书的潦草写法，结体和用笔多带有篆书的意味，长扁不一，波磔也不明显，这样的隶书称为秦隶。汉初承用秦隶，后来经过两汉（特别是东汉）文化人的不断加工、美化，才逐渐形成一种结构讲究、波磔特别雄健、体势超拔挺秀的独特字体，这样的隶书称为汉隶。汉末以后，形体由扁而方，波磔隐蜕变态，便演化成了楷书。自从楷书盛行以后，人们再写隶书，往往会不自觉地带出楷书的笔意。隶书作为一个时代的典型字体，主要是指鼎盛时期的汉隶。

从书法的角度来考察隶书的结体，大致有三种类型：一是内紧外松；二是内松外紧；三是折中于前二者之间。所谓内紧外松，是指结构内部的笔画都安排得比较紧密收聚，而外向的笔画则令其舒展放纵，让人看了有辐辏内聚之感，如《史晨碑》、《曹全碑》等；所谓内松外紧，是指内部的笔画安置得疏松开朗，外向的笔画却能伸不伸而令其缩，因此字形多呈方正，给人以疏阔大度之感，如《石门颂》、《西狭颂》等；疏密留放处于两者之间的，如《乙瑛碑》、《礼器碑》、《张迁碑》等，为数最多隶书的基本点画比楷书少，而在实际运用中却有所变化，富于情趣，尤其是波磔一笔，别有精神，因此隶书无论是结构还是用笔，都比它之前的字体灵活多样。试看汉人手笔，一家有一家的气象，一碑有一碑的风格，即使是同一碑中相同的字，也往往各有特点。我们在学习过程中，要善于体察隶书在结构和用笔上的细微变化而把它写活；那种误认为隶书呆板，把它写得千画同态，百字一体，形同模铸的观点和做法是不对的。

《张迁碑》是东汉中平三年（186 年）所刻的著名隶书代表作品，又名《谷城长荡阴令张迁表颂》。此碑出土于明代，碑刻两面，碑阳额有篆书，现藏山东泰安岱庙内。因碑文字变化多体，所以顾炎武疑为后人伪刻。杨守敬在《平碑记》中说："而此碑端整雅练，剥落之痕亦复天然，的确是原石，顾氏善考索而不精鉴赏，故有此说。"书法家李瑞清认为《张迁碑》结体用笔，和西周《大盂鼎》有密切的关系。这并不是说两者间在书法上有何继承关系，而是指两件作品的风格在敦厚朴茂方面有近似的风格和审美价值。《张迁碑》以方笔为主结字，字体也以方取胜，给人方正沉雄之感；而加之有横体结字和大小不齐的字与之相映，益显其生动可爱，是沉雄与生动这两者对立矛盾的完美统一。《张迁碑》是汉隶中方正雄强风格的典型代表。此碑貌似易学而得其神韵最难，学《张迁碑》的人中，以清何绍基能参已意自成一家。近代隶书风格与《张迁碑》近似的尚有王福厂等。

草　书

草书形成于汉代，是为书写简便在隶书基础上演变出来的。有章草、今草、狂草之分。

章草，是一种伴随汉隶盛行而产生、且带有隶书笔意的草书。正规的隶书是不便快速书写的字体，人们有时为着快写赴急，就不得不减少一些字的笔画或把某些相关的点画圈连起来，把正规的隶书写得很草率。但是，如果写字草率却又没有一个共同的法则，那就会互不认识而失却文字作为记录语言的符号的意义。

于是有人在约定俗成的基础上加以整理，有规律地省简一些笔画，规定某些相关的点画可以相圈连，同化某些字的不同“部件”等等，把草法条理化、规范化，同时又不完全失去隶书的用笔。这样，就形成了一种点画比较简略、书写便捷而又带有隶书笔意的新字体，后人把它和今草相对，称之为章草。章草不但基本保持着隶书的体势和用笔(特别是波磔)，并且字的大小均匀，字字独立，上下两个字绝不连笔，章法取直行纵势。传世著名的章草碑帖有皇象本《就篇》、索靖《出师颂》等。

拓展阅读

王羲之

东晋书法家，字逸少，号澹斋，汉族，祖籍琅琊，后迁居会稽（绍兴），写下《兰亭集序》，晚年隐居会稽下辖剡县金庭，中国东晋书法家，有书圣之称。

今草是楷书和行书流行之后，人们利用章草的草法和楷书、行书的体势、意创造出来的一种草写字体。后汉人张芝（伯英），既熟悉章草又精于今草，于是后世便传说今草这种字体是他在章草的基础上“温故知新”而创造出来的。今草与章草相比有很大的区别：在一幅字中，今草不仅可以上下字相连，而且还可以大小相间、粗细杂糅、正斜相倚等，其体势格调的变化要比章草多。简单地说，章草是隶书的快写体，今草是楷书和行书的快写体。传世著名今草碑帖很多，如王羲之《十七帖》、智永《正草千文

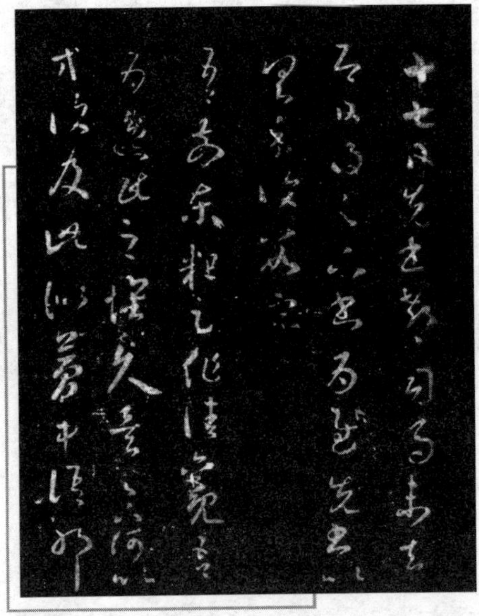

王羲之《十七帖》

文》、孙过庭《书谱墨迹》等等。

狂草，是比一般今草更加潦草狂放的草书。它不大计较一笔一字的工拙，而着意力求通篇气势的畅达雄放。笔势连绵回绕，离合聚散，大起大落，变态不穷。如张旭《古涛四帖》、怀素《自叙帖》等，都是典型的狂草作品。

草书作为书法品式的一种，它的艺术价值很高。草书（特别是今草和狂草），体势放纵，变化多端，字的大小、正斜、轻重以及笔顺等，在很大程度上可以冲破它以前的各种字体的束缚，因而书家得以熔篆、隶、真、行于一炉，结合这些字体的表现手法来增加写草书的技巧，在广阔的领域里纵横驰骋，极尽变化之能事，使自己的情采和风格得以充分地表现。

楷书

楷书也称真书、正书，它产生于汉，盛行于魏晋南北朝，一直沿用至今。楷书是由隶书经过长期发展演变慢慢蜕化出来的，在它成为一种新字体后的相当长的时间里，或多或少地带有隶书的意味，直到唐初的一些书家，还喜欢用一点隶书的笔法来写楷书的某些点画。因此楷书在历史上也曾被人称为“隶书”或“今隶”。

楷书虽然脱化于隶书，不过拿典型的楷书跟典型的汉隶相比较，楷书是具有很突出的特点的。

首先，从总的体势上看，隶书多呈平扁，楷书多呈长方；因而隶书的章法多取直行横势，楷书的章法多取直行纵势。

其次，楷书的结构法则要比隶书紧密。重心的安放，笔道的长短、正斜，两笔相交的

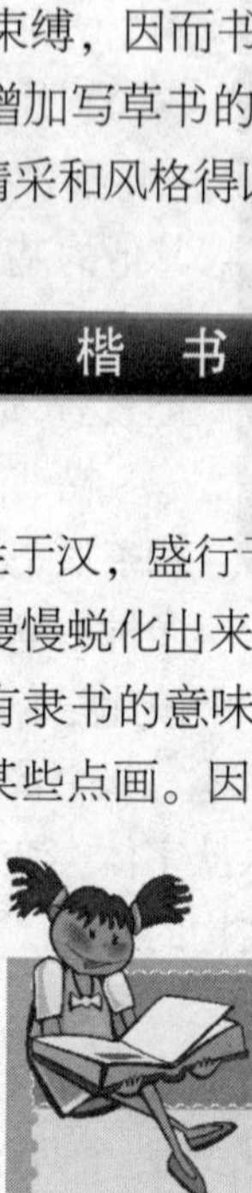

拓展思考

颜真卿

颜真卿（709 - 784，一说 709 - 785），字清臣，汉族，唐京兆万年（今陕西西安）人，祖籍唐琅琊临沂（今山东临沂），中国唐代书法家。他创立的“颜体”楷书与赵孟頫、柳公权、欧阳询并称“楷书四大家”。和柳公权并称：“颜筋柳骨”。

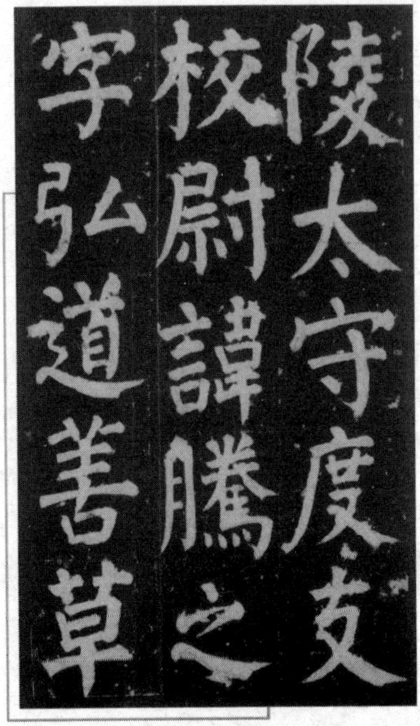

颜家庙碑

角度大小，点画之间的照应关系，合体字中不同部件的位置与比例等等，都有极严格的要求，不像隶书随意，有较大的自由。也就是说，楷书的点画布局要比隶书精密。

第三，楷书的基本点画形态比隶书丰富，用笔变化多。楷书不只比隶书增加了斜勾、挑、折下等基本点画，而且每种基本点画的“个性特征”都比隶书鲜明。隶书除了波磔、掠点具有较为突出的特点外，其他的基本点画（如横、竖），仍然不同程度地沿用着篆书的线条形态，只不过是把篆书的圆润变为方折罢了。

楷书的基本点画则完全脱离了篆书的线条形态，依赖毛笔的弹性、锋芒和书家多种用笔方法，形成各自迥然不同而又能彼此配合适宜的新形态。正因为有了严格的结构法度和丰富多变的点画形态，楷书的体势美、情态美，可以得到比隶书更为细腻、生动的表现，所以从字体突变的历史过程来看，虽然隶书的形成是汉字由线条结构变为点画结构的标志，但是汉字点画结构的典型不是隶书而是楷书。

楷书端庄工整，又比隶书便于书写，点画稍加变动或连笔，还可以成为日常最习用的行书。经过长期的试用，证明它是实用性和艺术性结合得较好、用作官方正式字体最为合适的字体。因而从魏晋到现在，楷书一直保持着它的“正统”地位，成为一千多年来汉字字体的大宗。

在唐代楷书艺术中，颜真卿开一路书风，“纳古法于新意之中，主生新法于古意之外，陶铸万象，隐括众长。与少陵之诗，昌黎之文，皆同为能起八代之衰者。于是始卓然成为唐代之书”。

《颜家庙碑》为颜真卿晚年之作，比较突出地代表了颜体楷书的特点，“点如坠石，画如夏云，钩如屈金，戈如发弩，纵横有象，低昂有态”。(朱长文《墨池编》）展现了雄强、浑厚、壮伟、沉穆的审美意境。

“年高笔老，风力遒厚，又为家庙立碑，挟泰山岩岩气象，加以俎豆肃穆之意，故其为书庄严端悫，如商、周彝鼎，不可逼视。”（王澍《虚舟题跋》）透过颜书雄浑壮伟的书境，我们感受到一股至大至刚的浩然正气，一种庄严正大的精神力量。

颜真卿把篆、隶笔法融于楷、行。以中锋铺毫为主，中锋圆劲，铺毫浑厚。笔画中段充实，两端不求过大顿头隆起，而用逆锋回笔使之含蓄。此碑与他碑不同，不是横细竖粗，而是二者大体均匀，显得更加浑朴。

点画肥壮，但肥不剩肉。它并非以丰腴的“肉”胜，而是突出了韧健的“筋力”。人们常说“颜筋”、“柳骨”。骨力侧重于坚实刚挺，而筋力侧重于韧健含忍。刘熙载《艺概·书概》指出：“字有果敢之力，骨也；有含忍之力，筋也。”含忍的坚韧性具有刚柔相济的弹性之美。竖笔化直为曲，略向外弓，有郁勃张挺之势。

王派书法大多以侧取势，结构左紧右舒，左右部分侧重相背之势，突出了伸展舒放的姿态。颜书则以正取势，略带弧形的对称使竖有向内环抱又向外扩展之势。结体以相向之势为主，使字势圆紧浑凝，蕴含着强大的内在力量。

此碑更显颜楷的朴拙之气。撇捺不伸展，缩敛，不像王派书法那样舒展流美。不同于《勤礼》、《东方朔画赞》等碑的偏上重心和偏长结体，此碑重心居中，字形偏方，在视觉上有下压之感，增加了拙朴敦厚之意。清人王澍《虚舟题跋》云：“评者议鲁公书真不及草，草不及稿。以方严为鲁公病，岂知宁朴勿华，宁拙勿巧故是篆籀正法。此《家庙碑》乃公用力至深之作。”字势拙里藏巧，正中有欹，平中蕴奇。

其结体、章法是充实与宽博、茂密与疏朗的结合。疏而不散，行距字距紧密充实，字势书势博大开阔。内空外满的结字又密聚在一起，封天盖地。但由于其结字的内部空间疏阔开朗，其茂密又不给人以拥塞窒息之感。

行书

行书是介于楷书、草书之间的一种字体，可以说是楷书的草化或草书的楷化。它是为了弥补楷书的书写速度太慢和草书的难于辨认而产生的。笔势不像草书那样潦草，也不要求楷书那样端正。

行书的起源相传有两种说法：

一、据张怀瓘《书断》说：“行书者，乃后汉颍川刘德升所造，即正书之小讹，务从简易，故谓之行书。”由是说而知：“行书”是“正书”转变而成的。

二、据王僧虔《古来能书人名》云：“锺繇书有三体：一曰铭石之书，最妙者也；二曰章程书，传秘书，教小学者也；三曰行押书，相闻者也。河东卫凯子采张芝法，以凯法参，更为草稿。草稿是相闻书也。”由是而知行书亦称行押书，起初当由画行签押发展而来。相闻者，系指笔札函牍之类。

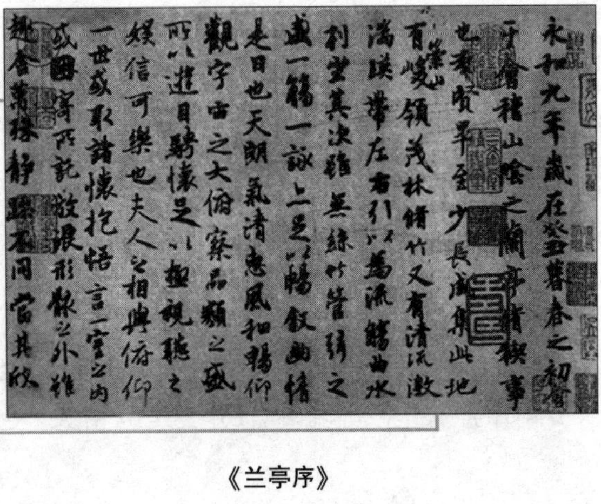

《兰亭序》

行书结构有下列特点：

大小相兼 就是每个字呈现大小不同，存在着一个字的笔与笔相连，字与字之间的连带，既有实连，也有意连，有断有连，顾盼呼应。

收放结合 一般是线条短的为收，线条长的为放；回锋为收，侧锋为放；多数是左收右放，上收下放，但也可以互相转换，不排除左放右收，上放下收。

疏密得体 一般是上密下疏，左密右疏，内密外疏。中宫紧结，凡是框进去的留白越小越好，划圈的笔画留白也是越小越好。布局上字距紧压，行距拉开，跌扑纵跃，苍劲多姿。

浓淡相融 行书书写应轻松、活泼、迅捷，掌握好疾与迟、动与静的结合。墨色安排上应首字为浓，末字为枯。线条长细短粗，轻重适宜，浓淡相间。

行书代表作很多，最著名的是东晋书法家王羲之的《兰亭序》，前人以“龙跳天门，虎卧凤阁”形容其字雄强俊秀，赞誉为“天下第一行书”。

《兰亭序》在中锋与侧锋、藏锋与露锋的结合中，突出了侧、露锋的运用。这与他早期侧重中、藏锋的《姨母帖》不同。露锋斜切入笔，侧锋的拂掠、翻转，俊爽痛快。微曲之笔，流畅而挺利。纤细的线条，瘦而实腴。笔与笔交接过渡之处，牵丝引带，笔断意连，具眉目顾盼之妙。

在王羲之的行书作品中，《丧乱》等帖偏于行草，更加灵动跳荡。而《兰亭序》则采用行楷书体，既有行书的圆活随意，又有楷书的谨严规矩。清爽流畅的行笔，既写得笔笔起讫分明、扎扎实实，又灵动轻松，无一丝滞板。

此帖字无定法，形随势生。字形大都依所在行气的需要而俯仰变化，但又违而能合，变而不乱。又因字为形，大小、阔狭、长短、高低，姿态多样。结字呈欹侧之势，斜中取正。这种侧势又与后来宋人的欹侧之势不同。王的侧势是含和的，而米、黄等人的侧势则突出了飞扬肆张之气。

《兰亭序》运用了有序而不齐板的章法。纵有行，横无列。纵有行便于上下的有序连贯，横无列避免了状如算子的简单孑齐。而在纵行中的上下

趣味点击 王献之

王献之，字子敬，汉族，书法家、诗人，祖籍山东临沂，生于会稽（今绍兴），王羲之第七子。死时四十三岁。以行书和草书闻名后世。王献之幼年随父羲之学书法，兼学张芝。书法众体皆精，尤以行草著名，敢于创新，不为其父所囿，为魏晋以来的今楷、今草作出了卓越贡献，在书法史上被誉为“小圣”，与其父并称为“二王”。

字，又往往重心左右错落。有序的上下连贯书写，则生行气，而行中的左右错落，则行气不板。字与字、行与行疏朗有致。字距时疏时密，行距之间时宽时窄。行行分明又行行呼应，气脉连贯。

在书法史上，《兰亭序》占有极高的地位，被称为“天下第一行书”，受到广泛赞赏：“右军之叙《兰亭》，字既尽美，尤善布置，所谓增一分太长，亏一分太短，鱼鬣鸟翅，花须蝶芒，油然粲然，各止其所。纵横曲折，无不如意，毫发之间，直无遗憾。”（解缙《春雨杂述》）“右军《兰亭叙》，章法为古今第一。其字皆映带而生，或小或大，随手所如，皆人法则，所以为神品也。”（董其昌《画禅室随笔》）在他们看来，《兰亭序》达到了尽善尽美的程度。

人们往往“二王”并称。比较来看，王献之在中和的基调上更表现出神骏奔放的阳刚之境，而王羲之则更典型地体现了含蓄而灵动的中和之美。“逸少秉真行之要，子敬执行草之权；父之灵和，子之神骏，皆古今之独绝也。”（张怀瓘《书议》）“灵和”者，温文尔雅，志气和平，灵动潇洒；“神骏”者，豪气纵横，威武神扬，宏逸遒健。

王羲之的中和之美又是“质”与“妍”的结合，既有平实朴质之意，又有潇洒妍美之姿。相对于汉魏、钟繇之质，王羲之更具妍态；而相对于王献之的宏放飞扬，王羲之更有含蓄朴质之趣。

唐颜真卿所书《祭侄稿》，写得劲挺奔放，古人评之为“天下第二行书”。而苏轼的《黄州寒食帖》则被称为“天下第三行书”。行楷中著名的代表作品是唐代李邕的《麓山寺碑》，畅达而腴润。还有如宋代苏轼、黄庭坚、米芾、蔡襄，元代的赵孟頫、鲜于枢、康里，明代的祝允明、文徵明、董其昌、王铎，清代的何绍基等，都擅长行书或行草，有不少作品传世。

文学园地

KUAILE YUEDU WENHUA ZHISHI

世界文学史上，排列着许多文学大师的形象。正是他们，将我们不断引向新的创造，一部文学史才变得如此富有戏剧性，并充满了奇迹。每一个民族几乎都会产生这样一些文学天才，每一个时代都会以独特的方式，推出一个时间段中站立于波浪尖顶的代表作品，每一个文学领域都会用少数大师的笔锋，描绘出栩栩如生的、冒着呼吸热气的五彩斑斓的世界，并将这一世界固定在文学史的不朽序列中。

本章将带您走进文学的世界，让您感受那些来自于文字的辉煌！

《诗经》

《诗经》是我国文学史上第一部诗歌总集。它收集的是公元前11世纪西周初年到春秋中叶（公元前6世纪）500多年间的诗歌作品，共305篇，约在公元前6世纪前后编订成书。当时，人们称它为《诗》或《诗三百》，汉代统治者把它奉为经典，故称《诗经》。《诗经》按音乐性质的不同，分为风、雅（大雅、小雅）、颂（周颂、鲁颂、商颂）。风即“国风”，大都是从15个诸侯国采集来的民歌；雅是宴礼乐歌，大多是周王室及贵族作品；颂是统治阶级祭祀祖先、天地的宗庙祭祀乐歌。在表现手法上，《诗经》全面运用了“赋、比、兴”的创作手法。所谓赋，是用铺叙其事或用直接抒写的手法进行创作；比是用比喻或比拟的手法进行创作；兴是用托物起兴的手法进行创作。赋、比、兴的表现手法，是《诗经》对中国诗歌艺术的杰出贡献。不仅如此，《诗经》的艺术技巧一直是中国古代诗人的学习典范，比如其常用的比拟、夸张、烘托、对比等修辞手法；隔句押韵的句尾韵，前句入韵后再隔句押韵的句尾韵等主要押韵格式。

《诗经》

《诗经》是我国诗歌的光辉起点，也是我国诗歌的早期源头。2000多年来，它一直流泽和灌溉着中国诗歌这条源远流长的长江大河，哺育着众多才华卓绝的文人墨客。它不仅是我国文化的一份宝贵遗产，而且早在古代就流传到日本、朝鲜、越南等国；18世纪时，还传播到了欧洲。目前，世界上各种主要文字，都有了《诗经》的翻译本，《诗经》已成为世界文化宝库中的一份珍贵财富。

知识小链接

押韵

押韵，又作压韵，是指在韵文的创作中，在某些句子的最后一个字，都使用韵母相同或相近的字，使朗诵或咏唱时，产生铿锵和谐感。这些使用了同一韵母字的地方，称为韵脚。

《楚辞》

《楚辞》是在《诗经》之后出现的一种新诗体，公元前4世纪诞生在我国南方的楚国。《楚辞》在形成过程中，受到了楚地民歌、音乐及民间文学的影响，带有浓厚的楚国地方色彩。

《楚辞》的作者屈原是我国历史上最受尊敬的伟大诗人之一，每年端午节，人们都要举行赛龙舟等活动纪念他。20世纪50年代，屈原被推举为世界文化名人，受到了全世界人民的敬仰。他的主要作品有《离骚》、《天问》、《九歌》、《九章》等。《离骚》是一篇宏伟壮丽的政治抒情诗，全诗共373句，2490字。诗人用血和泪的文字，讲述了自己的身世、品德和遭遇，倾诉了他对楚国命运的关怀和坚持理想的决心。他在诗中驾起玉龙，乘上彩车，在月神、风神和太阳神的护卫下，神游天上，追求理想。屈原的爱国热情和不屈精神激励了一代又一代的作家。《楚辞》中神话传说的运用、奇特的想象、奔放的情感、华美的词章，展现了独特的浪漫色彩，为中国文学开辟了一条新路。

先秦寓言

“寓”是寄托的意思。寓言就是不直接说出要表达的思想和主张，而把它们寄托在一个小故事里说出来。这种小故事，我们通常称为“寓言故事”，或简称“寓言”。因此，寓言具有比喻的性质，是一般比喻的发展，或者说，是比喻的一种高级形式。

寓言较早出现于《孟子》一书。其中为人们熟知的有“揠苗助长”。

庄子是先秦作家中最善于运用寓言的大师。他创作的寓言，一部分和孟子一样，只是作为著述的论据而存在，如众所周知的“朝三暮四”、“庖丁解牛”等，都是为了说明全文观点而设置的小故事，本身并不独立成篇。但另一部分则全篇都由寓言组成，表面看来并不直接阐明某种观点，其实却蕴含着极其深刻的思想。如《庄子》的《秋水篇》，全篇约2000字，整个都由寓言构成。行文有时如风行水上，虽波澜起伏，却自然流畅；有时如巨眼喷泉，虽汪洋恣肆，却妙趣横生，既有激动人心的形象和情感，又有令人沉思的哲理和思想，使人在获得艺术享受的同时，自然而然地接受了文章的观点。至今活跃在人们口头的“望洋兴叹”、“北海难穷”、“大方之家”、“贻笑大方”、“河伯见海若”、“井蛙之见”等成语，都自出于《秋水篇》，可见其影响深远。

基本小知识

《吕氏春秋》

《吕氏春秋》是秦国丞相吕不韦主编的一部古代类百科全书似的传世巨著，有八览、六论、十二纪，共二十多万言。《吕氏春秋》是战国末年（公元前“239”年前后）秦国丞相吕不韦组织属下门客们集体编撰的杂家（儒、法、道等等）著作，又名《吕览》。此书共分为十二纪、八览、六论，共十二卷，一百六十篇，二十余万字。吕不韦自己认为其中包括了天地万物古往今来的事理，所以号称《吕氏春秋》。

继庄子之后，韩非子是另一位善于创作寓言的先秦作家。脍炙人口的“守株待兔”、“郑人买鞋”、”自相矛盾”、“滥竽充数”等寓言，都出自《韩非子》一书。此外，先秦时期的其他诸子散文和史传著作中，也有不少寓言。如《列子》里的“疑人偷斧”、“纪昌学箭”，《淮南子》里的“掩耳盗铃”、“死里求生”，《吕氏春秋》里的“刻舟求剑”、“唇亡齿寒”，《战国策》里的“鹬蚌相争”、“画蛇添足”等等，都是形象具体、含蓄幽默、意韵丰厚、耐人寻味的名篇。

先秦寓言在我国文学史上，占有非常重要地位。它的高度思想性和艺术性，不仅直接影响了唐代柳宗元、明代刘基等人的寓言创作，使寓言脱离了只是作为著述论据存在的状况，成为一种蔚为大观的文学体裁；更重要的是，它在中国文学发展中，起着上继神话，下启小说的关键作用。不少先秦寓言故事，实际上都是上古时期民间口头创作的继承和发展，它的拟人化手法和夸张的表现方式，同上古神话传说是一脉相承的，如《愚公移山》、《杞人忧天》等，都存有明显的由神话改编的痕迹。另外，先秦寓言有具体形象描绘、有简单故事情节、有富于个性的对话，这些都直接启发了后代小说的产生。《韩非子》里记载的许多民间寓言故事，可谓汉魏之际杂事小说的胚芽，《庄子》里许多寓言记叙的鬼怪异事，实可谓魏晋南北朝时期志怪小说的鼻祖。在这个意义上也可说，后代小说的兴起，便是对先秦寓言的推陈出新。

中国的先秦寓言和古希腊的《伊索寓言》，大约出现于同一时期，两者风格不同，却价值相当。它们在世界文化的宝库中可谓双峰并峙，遥相媲美。

唐　诗

唐代是我国古典诗歌的全盛时期。在不到 300 年的时间里，唐诗的创作达到了非常高的水平，产生了许多著名的诗人和诗作。流传到今天的，有 48900 首唐诗和 2300 多位诗人的名字。唐代最著名的诗人是李白和杜甫，他们都是具有世界声誉的大诗人。

李白被人们称为“诗仙”，是一位热情奔放、才华横溢的诗人。他一生几乎走遍了中国大地。他的诗歌豪迈奔放，想象奇特。他热情地歌颂了祖国的壮丽

拓展阅读

李贺

李贺（790 ~ 816），唐代著名诗人，汉族，河南福昌人。字长吉，世称李长吉、鬼才、诗鬼等，与李白、李商隐三人并称唐代“三李”。祖籍陇西，生于福昌县昌谷（今河南洛阳宜阳县)。一生愁苦多病，仅做过 3 年从九品微官奉礼郎，因病 27 岁卒。李贺是中唐浪漫主义诗人的代表，又是中唐到晚唐诗风转变期的重要人物。

李白像

山河，强烈地表现了对国事的关心、对黑暗政治的不满、对美好理想的追求。李白的诗保存到现在的有990多首，其中的《将进酒》、《蜀道难》、《望庐山瀑布》等名诗，世代为人们所传颂。

杜甫被后人尊为“诗圣”。他年轻时游历过许多名胜古迹，后来又有机会接触到下层人民。不平凡的经历使他了解了人间的黑暗和人民的苦难。他在诗歌中大胆地揭露了封建王朝的腐朽，深刻地反映了人民生活的疾苦和当时社会的变化。杜甫的诗保留到今天的有1400多首，其中著名的诗作有《春望》、《兵车行》以及“三吏”、“三别”等。

唐代的著名诗人还有王维、白居易、李贺、李商隐等。

唐诗一直受到我国人民的喜爱，许多诗歌连儿童都能背诵，如《静夜思》、《春夜喜雨》等。“欲穷千里目，更上一层楼”，“黄河之水天上来”等唐诗名句，经常被人们引用。唐诗的普及读本《唐诗三百首》深受中外读者欢迎。

唐代诗歌不仅达到了中国诗歌史的顶峰，而且也是世界诗歌宝库中的奇珍异宝。

宋　词

词的发展与音乐的发展有密切的关系。词是有了乐谱以后，按谱而填的。每一首词都有一个词调，或叫词牌，如人们所熟知的《沁园春》、《念奴娇》等。由于配乐的不同，每首词的句数、字数、平仄、押韵等都有一定的格式。词和诗分章、文分段的叫法不一样，每段叫一“片”，即音乐奏过了一遍，就像现在的歌曲，一首曲子、歌词分几段一样。最常见的词分为两段，上片、下片，又叫上阕、下阕。

词兴起于唐中、晚期，盛行于宋代，以后便逐渐衰败。词最早起源于民间的俚曲小调，后传入城市，许多靠演唱为生的歌妓、乐工，吸取了这一富有生气、为人们所喜爱的俚曲小调来歌唱。他们为了博得主顾的欢颜，配合了音乐的节拍，改编或创作了一些长短参差的句子入词，便使词这一文学新式样流行发展起来。晚唐时期一些封建文人为了粉饰太平，为了适应统治阶级醉生梦死的需要，以此作为向上爬的阶梯，便致力于词的创作。因而，也使词成了专写女人的衣着服饰、娇眉笑眼、脉脉柔情的“专利”，风格浓艳香软，语言隐晦绮丽。代表词人是温庭筠、韦庄等 18 人的“花间派”。不过，他们对词在音乐及句型长短方面的一套格律定形，作出了极大的贡献。

拓展思考

辛弃疾

辛弃疾（1140－1207）南宋词人。原字坦夫，改字幼安，别号稼轩，历城（今山东济南）人。出生时，中原已为金兵所占。21 岁参加抗金义军，不久归南宋。历任湖北、江西、湖南、福建、浙东安抚使等职。一生力主抗金。曾上《美芹十论》与《九议》，条陈战守之策，显示其卓越军事才能与爱国热忱。

辛弃疾像

词在宋代的繁荣是空前绝后的。仅从现存的词集来看，词人有 200 多名，词牌就达 870 多个，词作数量之庞大就可想而知了。宋初词坛基本上沿袭了晚唐、五代“花间派”的词风，只有范仲淹和张先的词透露了词风转变的趋向。到了柳永词风有了转变，他不仅发展了长调的体制，而且善于吸取民间俚俗的语言和铺叙的手法。而真正使词风转变的是“一洗绮罗香泽之态，摆脱绸缪宛转之度”的北宋中叶的苏轼。苏轼“以诗为词”，并把词看作同诗一样具有言志咏怀的作用，解放了词的内容和形式，创立了“豪放派”。值得注意的是北宋后期以周邦彦等人为代表的“大晟词人”，又使词风走上了“婉约派”的回头路。然而由于他们精通音律，对词的音律的创造和发展确实作出了一定的贡献。

如果说宋朝是词的黄金时代的话，那么真正标志宋词发展最高峰的则是南宋辛弃疾的词。他和陆游并肩站在南宋文坛，高唱爱国主义的战歌，成为光照千古的“双子星座”。辛弃疾的文学创作以词为主，现存的《稼轩词》有词作620余首，居两宋词人之冠。他的词有慷慨激昂的爱国精神的抒发，有淳朴、宁静的农村生活的吟咏，也有湖光山色的描绘，而爱国思想则如一根红线贯串于他的全部作品中。在词的艺术上，辛弃疾继承发展了苏轼豪放的词风，扩大了文学语言的运用范围（诗、散文、骚文、民间口语尽可入词中），他的作品在唐宋词中达到了最高的艺术成就。

南宋中叶以后兴起的以姜夔、史达祖、吴文英为代表的“格律词派”（或称“风雅词派”），对后世词作也产生了一定的影响。他们的词格律精严，琢句精工，音调谐婉，却是沿着婉约派词人的唯美主义、形式主义倾向而越走越远。至此，词逐渐走向了衰落，尽管元、明、清代也出现过一些较有名气的词人，但终因摹拟前人之词风而未使词坛再兴。

元杂剧

我国戏剧在经历了萌芽、形成、逐渐成熟的漫长历史进程后，在元代兴起和繁荣起来。这一时期，戏剧的音乐、舞蹈、歌唱、念白、表演、武打、美工等各种因素都紧密地结合在一起，成为唱念做打融为一体的综合性艺术。音乐（五宫四调）、角色（正末、正旦、冲末、副末、贴旦、外旦、色旦、搽旦、净、副净、丑等）、剧本结构（通常一本四折一楔子）都有了稳定的体制。剧本有了完整的故事情节，并以塑造人物形象为中心。艺术风格及流派丰富多彩，有的豪放雄浑，悲壮激烈；有的情意缠绵，低回哀愁；有的轻松活泼，充满喜趣。剧目类型各具特色，有正剧、悲剧、喜剧、悲喜剧。据元末钟嗣成《录鬼簿》记载，杂剧作家110多人，作品500多种，流传到现在的剧本就有130多种。其中最著名的作家是关（关汉卿）、马（马致远）、白

(白朴)、郑（郑光祖）四大家及王实甫。他们的作品题材多样，反映广泛，既有历史题材，又有现实生活主题，既有城市生活的反映，也有农村场景的描写。不过多数取材于历史故事，并可以从史料中找到记载。

小说

在我国传统文化中，古典小说是一宗宝贵的文学遗产。然而，在我国古代，小说却被视为“小道”或“稗官野史”，是不能登大雅之堂的。所以，中国封建社会中占统治地位的正统文人不仅不写小说，而且鄙视乃至敌视小说，官修的图书目录也不收小说的书目。但在这样一种氛围中，我国的古典小说仍然得到了很大的发展，不仅出现了诸多脍炙人口的长、短篇佳作，而且出现了像《三国演义》、《水浒传》、《西游记》、《金瓶梅》、《红楼梦》等令世界文坛瞩目的精品。中国古典小说在一个曲折漫长的发展过程中，已建成了古典现实主义及浪漫主义的艺术体系，为我们描绘了一幅幅色彩斑斓的古代社会的画卷，丰富了祖国乃至世界的文学宝库，具有很高的认识价值和美学价值。

你知道吗

《红楼梦》

《红楼梦》，中国古代四大名著之一，章回体长篇小说，成书于1784年（清乾隆四十九年），梦觉主人序本正式题为《红楼梦》。其原名有《石头记》、《情僧录》、《风月宝鉴》、《金陵十二钗》等。前80回曹雪芹著，后40回无名氏续，程伟元、高鹗整理。

中国的小说始于何时？有人认为，魏晋南北朝时期的“志怪小说”——干宝的《搜神记》、“轶事小说”——刘义庆的《世说新语》等为我国小说的开山之作。我们认为，中国小说史的第一页应该是唐传奇。当然在这之前还有曹植的《洛神赋》、陶潜的《桃花源记》等极少数初具小说艺术特征的叙事作品，即使是通常被一些文史学家归为小说的《搜神记》、《世说新语》，也还是说故事和丛残小语。以叙事文学的总体现象而言，它们顶多只能算小说的雏形，还不是严格意义上的合于现代小说艺术概念的小说。

唐传奇从7世纪的初唐开始出现，8世纪进入繁荣期，到10世纪初的晚唐开始衰退。“唐传奇”名称最早出现于晚唐裴铏的小说集《传奇》，宋代以后就把唐代的小说统称为传奇，即“传述奇闻异事”的意思，是由非文学之正统而得名。唐传奇在中国小说发展史上，犹如一束奇葩，光彩夺目，绚丽多姿。首先，它标明了中国叙事文学的最高形式——小说艺术的正式形成；其次，它真实、形象地反映了当时的社会生活——封建社会官场的丑态和知识分子醉心功名利禄的习性；再次，表现了青年男女要求冲破封建礼教束缚，争取恋爱和婚姻自主的美好愿望；最后，一些传奇与历史故事具有一定的政治批判意义。如元稹的《莺莺传》、白行简的《李娃传》、王度的《古镜记》以及张文成的《游仙窟》等。成批的作家，大量的作品，无论是在当世还是对后世，都产生了巨大影响。

小说发展到宋元时期，这一时期的小说叫做“话本”，大体有两类：一是小说（短篇）；二是讲史（长篇）。宋元话本的数目很多，由于历史的原因大多数都已散失。但从现存的一些话本中仍能看出其思想内容和艺术特色。就现存话本的内容来说，以爱情、公案两类作品最多，有的还表现出了爱国主义思想，长篇讲史话本大都根据史书敷演成篇。在艺术上，话本比起唐传奇有了很多新发展。它们为吸引听众，很注意故事情节的动人。另外，也开始注意运用具有典型意义的细节来刻画人物性格，表现人物的内心活动。长篇讲史话本往往在故事的引人入胜处戛然而止，以便吸引听众再来听讲，这便是后来章回小说分回的起源，形成了有别于其他各国长篇小说的独特的风格。

知识小链接

宋江

宋江是中国古典小说《水浒传》中的主要人物之一。梁山一百单八将之首，人称“孝义黑三郎”、“及时雨”、“呼保义”。原本是郓城县押司，后加入梁山，在托塔天王晁盖阵亡后成为梁山的首领，极力主张接受朝廷的招安，并在被招安后率领梁山兄弟们先后攻打辽国以及田虎、王庆和方腊率领的起义军，回朝后不久被奸臣高俅等人用毒酒害死。

在唐、宋、元小说发展的基础上，明、清小说得到了空前的发展和提高，呈现出一派繁荣景象。特别是长篇小说的创作，取得了与唐诗、宋词、元杂剧一样的令人瞩目的丰硕成果。

在数目众多的明清小说中，以长篇影响最大，成就最高。大体上可以分为三大类：一是写史派（历史演义）；二是奇幻派（神魔小说）；三是世情派（人情、才子佳人、讽刺、谴责小说等）。

第一类小说的代表当首推施耐庵的《水浒传》和罗贯中的《三国演义》。《水浒传》是一部世代积累型的长篇小说，早在施耐庵最后写定之前的二三百年前的南宋，宋江等人的英雄故事就广为流传了。这在现存的宋话本中便可得到证实。施耐庵的杰出贡献是，在民间传说、戏曲、话本的基础上，充分发挥了自己的艺术才能，创造性地使之成为一部深刻反映社会现实的杰出作品。其次，108 个人物性格的刻画，标志着古代小说人物形象开始由类型化向典型化方向发展。如果说《水浒传》是借历史题材而写社会斗争的小说的话，那么《三国演义》则是最标准的历史小说了。和《水浒传》的成书过程一样，《三国演义》也是一部世代积累型小说。不同的是它“七分实事，三分虚构”，成为我国长篇小说的开山之作，也是历史小说的奠基之作。罗贯中的《三国演义》，不论是其思想性、艺术性，还是它对我国小说发展作出的特殊贡献，都是成就非凡的。

基本小知识

冯梦龙

冯梦龙（1574－1646），明代文学家、戏曲家。字犹龙。南直隶苏州府长洲县（今江苏省苏州市）人。他的作品比较强调感情和行为，最有名的作品为《古今小说》（《喻世明言》）、《警世通言》、《醒世恒言》，合称“三言”。三言与凌濛初的《初刻拍案惊奇》、《二刻拍案惊奇》合称“三言两拍”，是中国白话短篇小说的经典代表。

第二类小说的代表作，吴承恩的《西游记》是当仁不让的。《西游记》这部浪漫主义杰作并非是吴承恩个人的独创，和《水浒传》、《三国演义》一样，也是积累型小说。由此我们就不难发现中国文学史上一个带有规律性的现象——小说、讲唱文学和戏曲艺术有着不可分割的血缘关系。与施耐庵、罗贯中不同的是，吴承恩在《西游记》中更多地显出了作家的个人风格，标志着中国小说由集体创作到个人创作的过渡。

第三类小说数量众多，兰陵笑笑生的《金瓶梅》和曹雪芹的《红楼梦》是其代表作。《金瓶梅》的作者兰陵笑笑生是何许人？可以说从它问世以来一直是个解不开的谜，尽管如此，也丝毫没有影响它跻身于世界名著之列。当今国内学术界对《金瓶梅》的研究已成了一门学问——“金学”。《金瓶梅》借宋写明，通过西门庆这个人物的种种社会联系，广视角多侧面地写出了当时市井生活的“全部风貌”。然而它在文学史上的地位不仅如此，更重要的是它揭开了文人独立创作长篇小说的新的一页，把中国古典小说发展推向了高峰。《红楼梦》对封建社会末期作了全面、细致、深刻的揭露和批判，从而揭示了封建社会必然灭亡的历史发展趋势。在艺术上，《红楼梦》集中国古典小说之大成，人物形象之鲜明，艺术结构之严密、精巧，语言造诣之高超，是任何一部古典小说都无以伦比的。自从《红楼梦》问世以来，无论是对当朝还是后世都产生了巨大的影响，新旧“红学”的出现、当代“红学”的研究热潮便是证明；而且，在世界文坛上也有极大的影响。

随着长篇小说的兴盛，短篇小说的搜集、创作也显示出了一定的成就，代表作品是冯梦龙的“三言”（《喻世明言》、《警世通言》、《醒世恒言》）。

冯梦龙之后，短篇白话小说曾一度衰败，清代蒲松龄的《聊斋志异》为中国古典文言短篇小说作了一个光辉的总结。《聊斋志异》是蒲氏用唐传奇的写法创作的文言短篇集，无论是小说内容、创作方法，还是语言运用方面，都代表了中国古典文言短篇小说的艺术高峰。

司马迁与《史记》

司马迁（约公元前145～前87），字子长，夏阳（今陕西韩城县南）人，西汉伟大史学家、文学家和思想家。其父司马谈是西汉著名学者，通百家。大约20岁时，司马迁开始游历全国名山大川，不久被擢升为郎中。父亲去世后，司马迁继承其父之职，官太史令，职掌天时星历，管理皇家图籍。公元前104年，与唐都、落下闳等共同制定《太初记》。此后，司马迁开始撰写《史记》。公元前99年，李陵出击匈奴，兵败投降，司马迁为李陵辩护，触怒汉武帝下狱，遭受宫刑。后获赦出狱，为中书令，发愤著书，终于完成了《史记》这部伟大的著作。

《史记》是我国第一部纪传体通史。初名《太史公书》，又称《太史公记》、《太史记》。该书上起传说中的黄帝，下至汉武帝，历时3000余年。所述史事，包罗万象，而又融会贯通，脉络清晰，叙事完整。据《太史公自序》记载，全书130篇，包括12本纪（记述历代帝王的传）、10表（用表格的方式，将历代大事记录下来）、8书（典籍、文献）、30世家（诸侯、贵戚和将相名臣的史事（《孔子世家》和《陈涉世家》例外）、70列传（各时代重要历史人物的传记，包括《太史公自序》），共52.65万字。

拓展阅读

鲁迅

鲁迅，原名周树人，浙江绍兴人，字豫才。主要作品包括杂文、短篇小说、评论、散文、翻译作品等。对于“五四运动”以后的中国文学产生了深刻的影响。毛泽东主席评价他是伟大的无产阶级的文学家、思想家、革命家，是中国文化革命的主将，也被人民称为“民族魂”。鲁迅先生一生写作计有600万字，其中著作约500万字，辑校和书信约100万字。

作为一部通史巨著，《史记》在中国古代散文史上也有着重要的地位，其文学价值也相当高。他成功地描写了众多的人物形象，主要通过人物的重要活动、事迹予以表现，大都写得栩栩如生，呼之欲出。同时注意选择一些生活小事，详细描述，使人物形象更加丰满。《史记》中塑造的典型人物形象，其数量之多，形象之美，可与《三国演义》、《水浒传》和《红楼梦》相媲美。“史家之绝唱，无韵之离骚”是鲁迅对《史记》的史学价值和文学价值的高度评价和精辟概括。由它开创的纪传体史书影响深远，为以后的历代正史所采用。

刘勰与《文心雕龙》

刘勰（约466～约539），中国南朝齐、梁时期文学理论批评家。原籍东莞莒县人。关于他的生卒年，诸家说法不一。少孤、家贫，无力婚娶，曾依靠沙门僧祐居上定林寺10余年。他精研佛理，饱览经籍，于南齐末年写成文学理论名著《文心雕龙》。梁武帝时，历任奉朝请、东宫通事舍人，世称刘舍人。晚年出家。此外刘勰还有《灭惑论》等流传后世。

《文心雕龙》是中国文学理论批评史上第一部有严密体系的文学理论专著。全书共10卷，50篇。从第1篇到第4篇是全书的总论，首先提出“文原于道”的原则，其次说明写作必须学习儒家圣贤的经典，最后指出“纬书”的不可信。从第5篇到第25篇，分别讨论了骚、诗、乐府、赋等35种文体，诠释每种文体的名称和特征，说明他们的起源和演变，评论作家作品的优缺点，指出写作的方法。这是关于文体论的探讨，也是前任创作经验的总结，为建立自己的理论打下稳固的基础。从第26篇到第49篇，深入地分析了有关创作和批评的重要问题，系统地提出了自己关于这两方面的理论，是全书中最主要的部分。最后一篇《序志》说明了这部书的名称、写作动机、全书的基本内容、对过去一些文论的意见、对后代读者的期望等等。

《文心雕龙》在文学批评史上的突出贡献：其一是初步建立了文学史的观念。他认为，文学的发展变化，终归要受到时代及社会政治生活的影响。其二是分析论述了文学创作内容和表现形式的关系，主张文质并重。在《风骨》篇里，他主张“风情骨峻”；在《情采》篇里，他强调情文并茂。但在二者之间，他更强调“风”“情”的重要，他主张“为情而造文”，反对“为文而造情”，坚决反对片面追求形式的倾向。其三是从创作的各个环节上总结了经验，提出了应该避免的失败教训。他指出，在创作上，作家“神与物游”的重要，强调了情与景的相互影响和相互转化。此外，他对创作中诸如韵律、对偶、用典、比兴、夸张等手法的运用，也提出了许多精辟的见解。其四是初步建立了文学批评的方法论。提出了“六观”的批评方法：一观位体，看其内容与风格是否一致；二观致辞，看其文辞在表达情理上是否确切；三观通变，看其有否继承与变化；四观奇正，看其布局是否严谨妥当；五观事义，看其用典是否贴切；六观宫商，看其音韵声律是否完美。

《文心雕龙》在中国古代文学批评和文艺理论的发展史上具有巨大的奠基意义和深远的影响，是一份十分宝贵的遗产，受到世界上许多国家理论工作者的注意和重视。

"三言二拍"

"三言二拍"是指明人编著的五种话本及拟话本集的总称。"三言"是指明末冯梦龙编纂的《喻世明言》、《警世通言》和《醒世恒言》，"二拍"是指明末凌濛初编纂的《初刻拍案惊奇》和《二刻拍案惊奇》，统称为"三言二拍"。冯梦龙和凌濛初都是明代通俗文学的大家，尤其冯梦龙以明末通俗文坛第一人著称于世。

"三言二拍"共辑小说198篇。其中宋元话本大约占1/3，多数为明代话本和文人的拟作，但都经过了冯梦龙和凌濛初的整理、润色，有着鲜明的时代特色。有些作品肯定了经商致富的行为；有些歌颂了中下层妇女的美德；还有一些作品则揭露了社会的各种丑恶现象。

"三言二拍"是明末商品经济冲击文坛的产物，但作者的创作态度是严肃的。虽然在作品中有不少封建伦理的色彩，但作者以文劝世的创作态度是难能可贵的。"三言二拍"的语言具有通俗化、大众化的特点。作为古代短篇小说，在我国小说发展史上具有重要的地位。

《三国演义》

《三国演义》全称《三国志通俗演义》，是我国最杰出的长篇历史演义小说。元末明初罗贯中著。小说所依据的史料主要来自晋代陈寿的《三国志》和南朝宋时裴松之的注，同时在吸收民间传说和杂剧、话本故事基础上，作者熔铸进自己的生活体验，经过再创造而成为一部宏伟的长篇巨著。

《三国演义》以三国时期的历史为基本内容，通过艺术的想象和集中，概括了比三国时期极为丰富的社会历史内容。小说从汉灵帝建宁二年（169年）写到晋武帝太康元年（280年）晋灭吴统一全国为止的100多年的史事，其间着重描写了大约半个世纪魏、蜀、吴三国的纷争和兴衰过程。

趣味点击　诸葛亮

诸葛亮，字孔明，号卧龙（也作伏龙），汉族，琅琊阳都（今山东临沂市沂南县）人，三国时期蜀汉丞相，杰出的政治家、军事家、发明家、文学家。在世时被封为武乡侯，死后追谥忠武侯。其代表作有《前出师表》、《后出师表》、《诫子书》等。

《三国演义》在艺术上也取得了很高的成就，情节曲折生动，引人入胜；塑造了曹操、诸葛亮、刘备、关羽、张飞、赵云等众多栩栩如生的人物形象；艺术结构既宏伟又严密；小说的语言“文不甚深，言不甚俗”，是文人素养和民间文学的巧妙结合。它是中国文学史上第一部成熟的长篇小说。

《水浒传》

《水浒传》，又名《忠义水浒传》。中国明代长篇小说。相传为元末明初施耐庵之作。

《水浒传》是民间无名作者文人集体创作的成果，其书经历了一个漫长的流传演变过程。《水浒传》描写的以宋江为首的农民起义发生在宋徽宗宣和年间（1119～1126），因声势极盛，在民间产生许多奇闻异说，流传中不断得到无名作者的加工增饰。施耐庵正式把这些在不同地区流行的故事传说汇集起来，经过选择、加工、再创作，才写成了这部优秀的古典小说名著《水浒传》。

《水浒传》是中国文学史上第一次大规模地直接描写了封建社会的农民革命斗争，展示了宏伟壮丽、波澜壮阔的斗争生活场面。小说揭露了封建社会的黑暗和统治阶级的罪恶，写出了“官逼民反”、“乱由上作”的历史真实，揭示出农民起义的社会根源在于残酷的封建压迫和剥削，肯定和歌颂了农民革命斗争的正义性。小说描写了从高俅到郑屠之流上上下下各色统治阶级的代表人物和由他们组成的黑暗统治网，给劳动人民带来的深重灾难。小说塑造了李逵、鲁智深、武松、林冲等一系列光彩照人的英雄形象，歌颂农民起义英雄的反抗精神，表现了他们的优秀品质、英雄气概、斗争意识和伟大力量。

知识小链接

武松

松是中国古典小说《水浒传》中的主要人物之一（也在《金瓶梅》中出现），是梁山一百单八将之一，在梁山排行第十四位，人称行者武松。武勇非凡，曾经在景阳冈上空手打死猛虎，“武松打虎”的事迹也在后世广为流传。

《水浒传》在艺术上取得了杰出的成就。人物形象的塑造能写出复杂的性格内容，人物性格的形成有环境的依据，同时随环境的变化而发展。人物形象带有理想色彩，同时又深深地扎根于生活的土壤之中。《水浒传》不单以情节的生动紧张取胜，还有较真实的细节描写。小说在民间口语的基础上创造出一种通俗、简练、生动、富于表现力的文学语言。

《西游记》

中国明代长篇小说。全书 20 卷 100 回。吴承恩根据历代民间传说，对传统题材加以改造，注入现实生活的感受和认识创作而成。

《西游记》由三个部分组成。第一部分写孙悟空的出身和大闹天宫。第二部分写唐僧身世及取经缘由。第三部分写孙悟空皈依佛门，与猪八戒、沙和尚一起保护唐僧到西天取经，一路上降妖捉怪，与险恶的自然环境作斗争，历经九九八十一难，终于取回真经，成了“正果”。《西游记》通过神话的形式，表现了丰富的社会内容，曲折地反映出现实的社会矛盾，表达了人民的愿望和要求，鞭挞了黑暗、邪恶势力、劝诫人们透过现象认识本质、对敌要狠，除恶务尽，从而使这部书具有了深刻的寓意。作品着重表现了孙悟空斩妖除怪、不畏艰险、勇敢无畏、积极乐观的精神和美好品德。

《西游记》在艺术上有着鲜明的特色。故事情节生动、奇幻、曲折，表现了丰富大胆的艺术想象力。书中人物既有浓厚的神奇色彩，又有强烈的现实感。神性、人性、物性三者的有机结合，是《西游记》人物塑造的一个突出特点。《西游记》的语言生动、流利，人物对话具有鲜明的个性特征，而且具有浓烈的生活气息，表现了一种幽默诙谐的艺术情趣，使整部作品充满了艺术魅力。

广角镜

言情小说

言情小说是中国旧体小说的一种，又称狭邪小说或才子佳人小说。以讲述男女之间相爱为中心，通过完整的故事情节和具体的环境描写来反映爱情的心理、状态、事物等社会生活的一种文学体裁。言：讲，说；情：指男女相爱的心理状态及有关的事物或事情；言情：讲述男女之间的爱情。

《西游记》在中国小说史上占有重要地位，是明代神魔小说的杰出代表。

《金瓶梅》

中国明代长篇小说。成书约在隆庆至万历年间。作者署名兰陵笑笑生。兰陵今属山东，作者大约是山东人，但笑笑生的真实姓名尚不清楚。

《金瓶梅》借《水浒传》中武松杀嫂一段故事为引子，通过对兼有官僚、恶霸、富商3种身份的封建时代市侩势力的代表人物西门庆及其家庭罪恶生活的描述，暴露了明代中叶社会的黑暗和腐败，具有较深刻的认识价值。

《金瓶梅》在中国古典小说发展史上具有不可忽视的意义，是中国文学史上第一部由文人独立创作的长篇小说。从此，文人创作成为小说创作的主流。《金瓶梅》之前的长篇小说，莫不取材于历史故事或神话、传说，而《金瓶梅》摆脱了这一传统，表面上写的是宋代的人物和故事，实际上却反映了作者所处的明代中叶的社会现实，使中国小说现实主义创作方法日臻成熟，为其后《红楼梦》的出现做了必不可少的探索和准备。

《金瓶梅》的思想内容存在着一些严重缺点。作者对于暴露的黑暗现实，缺乏鲜明的爱憎感情和严肃的批判态度。在解释人生和社会生活方面，有宿命论思想和虚无观念。有些描写过于琐屑，不够精练。

《红楼梦》

《红楼梦》，又名《石头记》。中国清代长篇小说。作者曹雪芹（约1715～1763），名霑，字梦阮。

《红楼梦》以贾宝玉、林黛玉、薛宝钗之间的恋爱婚姻悲剧为线索，描写了以贾家为代表的四大家族的兴衰，揭示了封建大家庭的各种错综复杂的矛盾，表现了封建的婚姻、道德、文化、教育的腐朽、堕落，塑造了一系列贵族、平民及其奴隶出身的女子的悲剧形象，展示了及其广阔的封建社会的典型生活环境，曲折地反映了封建社会必然崩溃的历史趋势。作品还歌颂了贵族的叛逆者和违背封建礼教的爱情，体现出追求个性自由的初步的民主主义思想，并深刻而全面地揭示了贾宝玉、林黛玉、薛宝钗之间爱情婚姻悲剧的社会根源。

《红楼梦》在艺术上取得了辉煌的成就。它的叙述和描写就像生活本身那样丰富、深厚、逼真、自然。《红楼梦》在艺术表现上普遍运用了对比手法。比如，作者安排了鲜明对照的两个世界：一是以女性为中心的大观园，这是被统治者的世界；一是以男性为中心的世界，这是统治者的世界。两个社会对比着写，用善恶、美丑的对比，揭露封建社会的黑暗和腐朽。

《红楼梦》善于处理虚实关系，它实写而不浅露，虚写而不

拓展阅读

林黛玉

林黛玉是古典名著《红楼梦》中的女主角，金陵十二钗之首，四大家族贾家第四代贾敏与扬州巡盐御史林如海之女，宝玉的姑表妹，贾母的亲外孙女。幼年丧母，体弱多病，红颜薄命身世可怜。黛玉聪慧无比，琴棋诗画样样俱佳，尤其诗作更是大观园群芳之冠。

晦暗，创作出一个含蓄深沉的艺术境界。《红楼梦》是一部百科全书式的长篇小说。它以一个贵族家庭为中心展开了一幅广阔的社会历史图景，社会的各阶级和阶层都得到了生动的描画。《红楼梦》的博大精深在世界文学史上是罕见的。

希腊神话

希腊神话主要由神的故事和英雄传说组成。神的故事包括天地的开辟、神的产生、神的宗谱、神的活动、人类的起源等。希腊神话里的神有新老之分。根据赫西奥德的记载，宇宙中最先生出了卡奥斯（混沌），“胸脯宽大的”盖亚（大地）、塔尔塔罗斯（地狱）和埃罗斯（爱）。卡奥斯生了尼克斯（黑夜）和埃瑞波斯（黑暗），这二者又生了太空和白昼。盖亚生了乌拉诺斯（天空）、高山和大海。乌拉诺斯成为世界的主宰，与盖亚结合生奥克阿诺斯、许佩里翁、伊阿佩托斯、忒亚、瑞亚、忒弥斯、谟涅摩辛涅和克罗诺斯等六男六女，还生了三个独眼巨怪和三个百手巨怪。许佩里翁和忒亚使世界有了赫利奥斯（太阳）、塞勒涅（月亮）和埃奥斯（曙光）。乌拉诺斯被克罗诺斯阉割，从他的血液中生出了巨神吉伽斯和复仇女神埃里尼斯。这两代就是希腊神话里老辈的神。克里诺斯和瑞亚也生了六儿六女，最小的是宙斯。宙斯推翻了自己的父亲，成为世界的主宰。宙斯与他的哥哥姐姐得黑忒尔、赫拉、哈得斯、波塞冬等、子女雅典娜、阿波罗、阿尔忒弥斯、阿瑞斯、阿佛罗狄忒、赫菲斯托斯、赫尔墨斯等，就是所谓的“新神”，又称“奥林波斯众神”。这里提到的“新神”在希腊神话里统称十二主神。在古典时代及以后的神话里，有些神失去了新和老的区别。例如，太阳神赫利奥斯原是老辈的神，自公元前5

> **趣味点击　赫拉**
>
> 赫拉是古希腊神话中奥林匹斯主神之一，主管婚姻和家庭，被尊称为“神后”。她在奥林匹斯山的地位仅次于她的丈夫宙斯。

世纪开始即与“新神”阿波罗混同；埃罗斯也是最古老的神，后来却成了爱与美之神阿佛罗狄忒的儿子，调皮的小爱神。在文学作品中，希腊的神都是人格化了的形象，和人不同的地方在于他们被描写成是永生的，在各自的领域内往往具有无与伦比的威力，他们的好恶对人有决定性的影响。

宇宙之王——宙斯

传说里的英雄多是神和人所生的后代，每个英雄都是特定的希腊部落（后来是城邦）崇拜的对象。主要的英雄有佩尔修斯、赫拉克勒斯、忒修斯、伊阿宋（阿尔戈船英雄）、奥狄浦斯、阿基琉斯、奥德修斯等。以不同的英雄或事件为中心，形成了几个传说系列，如关于赫拉克勒斯的传说，关于忒修斯的传说，关于忒拜的传说，关于特洛伊战争的传说等。

希腊神话产生于希腊的远古时代，曾长期在口头流传，是古希腊人的集体创作，散见于荷马史诗、赫西奥德的《神谱》及以后的文学、历史等著作中。现在常见和系统的希腊神话都是后人根据古籍编写的。英雄传说中有神话化了的历史事件，也有讲述远古社会生活和人与自然斗争的故事。除此以外，希腊神话还包括不少解释某些自然现象的成因、某些习俗和名称起源的故事。希腊神话经历了丰富的时代变迁和历史风云，它几乎成为希腊乃至欧洲一切文学和艺术活动的基本素材。它从传说进入歌咏，从歌咏进入故事，从故事进入戏剧，最后进入通行全希腊的史诗，而且还在罗马文化中生根落户，成为全欧洲的文化宝藏。今天，欧美的戏剧、诗歌和其他的文化活动都在滔滔不绝流经于世的希腊神话中汲取新的营养，成为文艺再创造的重要源泉。

荷马史诗

相传为古代希腊两部著名史诗《伊利亚特》和《奥德赛》。作者为荷马。传说荷马是一位盲乐师，生于公元前9或者8世纪之间。荷马史诗《伊利亚特》和《奥德赛》，每部都长达万行以上；《伊利亚特》共有15693行，《奥德赛》共有12110行，两部都分成24卷。这两部史诗开始时只是根据古代传说编成的口头文学，靠着乐师的背诵流传下来的零散篇章，荷马就是最终把这两部史诗初步定型的职业乐师。古代关于攻打伊利亚特的战争和奥德修斯等神话传说还有很多，散见于古代希腊作家的著作里。而这两部史诗只选择了伊利昂城战争中第10年的51天，集中叙述了阿基琉斯的愤怒和奥德修斯在海上漂游10年之后终于回到故乡这一段，这样处理显然是一位会讲故事的古代诗人精心设计的结果。荷马史诗是在民间口头文学的基础上所形成的。它的原始材料是许多世纪里积累起来的神话传说和英雄故事，保存了远古文化真实、自然的特色，同时表明了在远古地中海东部的这个古代文化中心，文学曾达到了相当高度的繁荣。

伊索的寓言集

伊索（公元前6世纪），古希腊寓言家，弗里吉亚人，原为奴隶。公元前5世纪末，“伊索”这个名字已为希腊人所熟知，希腊寓言开始都归在他的名下。现在常见的《伊索寓言》是后人根据拜占廷僧侣普拉努德斯搜集的寓言以及后来陆续发现古希腊寓言传抄本编订的。《伊索寓言》大多是动物故事，其中的一部分如《狼与小羊》、《狮子与野驴》中，用豺狼、狮子等凶恶的动物比喻人间的权贵，揭露他们的专横残暴，反映了平民或奴隶的思想感情；《乌龟与兔》、《牧人与野山羊》等则总结了人们的生活经验，教人处世和做人的道理。伊索语言短小精悍，比喻恰当，形象生动。耶稣传教会曾于明代把伊索寓言传入中国。

《格林童话》

作者是格林兄弟（雅科布·格林和威廉·格林）。他们都是德国民间文学搜集整编者，出身官员家庭，均曾在马尔堡大学学法律，又同在卡塞尔图书馆工作和任格延根大学教授，1841 年同时成为格林科学院院士。他俩共同编成《儿童与家庭童话集》（1857 年出最后一版，共 216 篇故事）。其中的《灰姑娘》、《白雪公主》、《小红帽》、《勇敢的小裁缝》等名篇，已成为世界各国儿童喜爱的杰作。

知识小链接

马尔堡大学

该校成立于 1527 年，国立大学引，位于黑森州，该校是德国有着悠久传统的大学，是第一所奉行新教教规的大学。该校历史上曾涌现出不少杰出人才，如格林兄弟、李卜克内西和德国著名语言文学家杜登。马尔堡大学的图书馆体系由 10 个分馆和 100 个分散的小型图书馆组成。

安徒生童话

安徒生（1805～1875），丹麦作家。生于丹麦菲英岛欧登塞的贫民区。家庭贫困，没有受过正规教育。少年时代即对舞台发生兴趣，幻想当一名歌唱家、演员或剧作家。1819 年曾在哥本哈根皇家剧院当了一名小配角。后因嗓子失润被解雇。从此开始学习写作。1892 年进入哥本哈根大学学习。同年他的第一部重要作品《1828 和 1829 年从霍尔门运河至阿迈厄岛东角步行记》游记出版，得到了社会的初步承认。1833 去意大利创作了一部诗剧《埃格内特和美人鱼》及其一部以意大利为背景的长篇小说《即兴诗人》。这些作品的出版标志着安徒生开始享有国际声誉。安徒生终身未婚，一生坚持不懈地进行创作，共撰写了 168 篇童话和故事。许多童话脍炙人口，如《卖火柴的小女孩》、《丑小鸭》、《皇帝的新衣》等。他把他的天才和生命献给了未来的世世代代。安徒生的童话与民间文学有着血缘关系，作品中大量运用丹麦下层人民的日常口语和民间故事的结构形式。语言生动、自然、流畅、优美，充满浓郁的乡土气息，继承并发扬了民间文学的朴素清新的格调，在世界文学上占有重要位置。

童话之王——安徒生

狄更斯的小说

狄更斯（1812～1870），英国小说家。他是19世纪英国伟大的批判现实主义作家，也是一个自学成才的代表人物。他一生刻苦写作，晚年常常是白天写作，晚上被邀请去朗诵自己的作品。1870年6月在写作小说《艾德温·德鲁德之谜》时去世。狄更斯生活在英国由封建社会向资本主义社会的过渡时期。资本主义的发展使大批小资产阶级贫困、破产，无产阶级遭到残酷的剥削而沦为赤贫。当时，英国的宪章运动给予狄更斯很大的影响，他的作品反映了宪章运动时代人民群众的情绪和要求，但他始终是个改良主义者。他同情劳苦人民，又害怕革命。他抨击资本主义制度，不断地揭露其罪恶，但他不主张推翻这一制度。希望通过教育和感化来改造剥削者，并依靠他们的善心和施舍来消除社会矛盾。他在34年的创作生涯中，撰写了14部长篇小说（其中一部未完成）和许多的中、短篇小说以及杂文、游记、戏剧等。主要的作品有《奥列佛尔》、《老古玩店》、《董贝父子》、《大卫·科波菲尔》、《艰难时世》、《双城记》和

狄更斯

《远大前程》等。狄更斯小说的风格轻松自然，他常用讽刺、幽默、夸张的手法，使人物性格鲜明，个性突出；他的文学语言精练、语汇丰富，他的创作把英国文学创作推向了前所未有的高峰，对英国现实主义文学的发展产生了深刻影响。

契诃夫的短篇小说

契诃夫（1860～1904），俄国小说家、戏剧家。生于罗斯托夫省塔甘罗格市。祖父是农奴。1879 年进莫斯科大学医学系。毕业以后行医，广泛接触平民和了解生活，对他的文学创作产生了良好的影响。19 世纪 90 年代和 20 世纪初是契诃夫创作的全盛时期，当时俄国的解放运动进入了无产阶级革命的新阶段。契诃夫积极投入社会活动。这一切使他的创作有了一个新的突破。契诃夫在世界文学中占有自己的位置，他的短篇小说可以和莫泊桑齐名。契诃夫创造了一种言简意赅、艺术精湛的抒情心理小说的独特风格，截取片段平凡的日常生活，凭借精巧的艺术细节对生活和人物做出了真实的描绘和刻画，从而展示了重要的社会内容。这种作品抒情气味浓郁，抒发了他对丑恶现实的不满和对美好未来的向往，把褒扬和贬抑、欢悦和痛苦之情融化在作品的形象体系之中。代表作品有小说《变色龙》、《在钉子上》、《一个官员的死》；戏剧《海鸥》、《万尼亚舅舅》、《桃园》和《三秭妹》等。他的小说和戏剧几乎全有中文译本。

但丁与《神曲》

但丁·阿利吉耶里（1265～1321），意大利诗人，中古到文艺复兴的过渡时期最具有代表性的作家。恩格斯称他为“中世纪的最后一位诗人，同时也是新时代的最初一位诗人”。《神曲》是但丁最主要的作品，它采取了中古梦幻文学的形式。诗中叙述但丁“在人生旅途的中途”迷失正路后走出了森林，刚开始登山，就被三只野兽（豹狮狼）挡住去路。正在危急时刻，古罗马诗人维吉尔出现，他受贝雅特里奇（但丁的精神爱人）的嘱托来搭救但丁，引导他游历地狱和炼狱，接着贝雅特里奇又引导他游历天国。和许多中古文学作品一样，全书的情节充满了寓意：在新旧交替的时代，个人和人类从迷惘和错误中经过苦难和考验，达到真理和至善的境界。《神曲》广泛地反映了现实，给中古文化以艺术性的总结，同时也显现出文艺复兴时代人文主义思想的曙光。《神曲》是一部长篇史诗，《地狱》、《炼狱》、《天国》各有 33 章，加上全书序曲共 100 章，长达 14233 行，每部曲最后一行都以“星”字作韵脚。《神曲》是用三韵句写成，这是但丁以民间诗歌中流行的一种格律为基础创造的新格律。更为重要的是，《神曲》用意大利俗语写成，对于解决意大利文学用语问题和促进意大利民族语言的统一起了很大的作用，这使但丁成为意大利第一位民族诗人。

卜伽丘与《十日谈》

卜伽丘（1313 ~ 1375），意大利作家。他是人文主义者和意大利文艺复兴运动的先驱。他的作品有传奇、史诗、叙事诗、十四行诗、短篇故事集、论文等。而最为出色的作品是故事集《十日谈》（1348 ~ 1353）。作品开头有段“序曲”式的故事，叙述 1348 年黑死病流行时，10 名青年男女在乡村一所别墅避难时，终日游玩、欢宴，每人每天讲一个故事，10 天讲了 100 个故事，故名《十日谈》。其中许多故事取材于历史事件、中世纪传说和东方故事。人文主义思想是贯穿于《十日谈》全书的一根红线。卜伽丘在许多故事里批判天主教会，抨击

拓展思考

叙事诗

叙事诗是一种诗歌体裁，它用诗的形式刻画人物，有比较完整的故事情节，通过写人叙事来抒发情感，与小说戏剧相比，它的情节一般较为简单。这种体裁，用诗的形式和体裁，又有故事、人物等小说的内容，而且情景交融，兼有抒情诗和小说的特点。这种诗情节完整而集中，人物性格突出而典型，有浓厚的诗意，又有简练的叙事，有层次清晰的生活场面。

僧侣的奸诈和伪善。这种批判表达了当时平民阶级摆脱中世纪教会宗教的束缚和要求。赞美爱情，谴责禁欲主义，维护社会平等和男女平等。故事里面还塑造了许多的多才多艺、全面发展的新兴资产阶级的理想人物。但是其中某些故事也渲染了情欲和庸俗趣味。《十日谈》是欧洲文学史上的一部现实主义巨著。卜伽丘把古典文学和民间文学的特点兼收并蓄，作品语言精练、生动、幽默，写人状物，微妙尽致，为意大利艺术散文奠定了基础，并开创了欧洲短篇小说这一独特的艺术形式。他主要代表作品还有《菲洛柯洛》、《大鸦》、《但丁传》等。

席勒与《阴谋与爱情》

席勒（1759～1805），德国诗人、剧作家。生于内卡河畔的马尔巴赫。幼年受牧师默泽尔的启蒙教育，以后对席勒影响最大的是克洛卜施托克的《救世主》和莎士比亚的《奥赛罗》以及法国启蒙思想家卢梭的作品。他向往自由的革命思想。席勒从1776年开始写一些抒情诗作。1782年席勒用了7个星期写成了《路易斯·密勒林》，后改编为剧目《阴谋与爱情》。1784年公演，大获成功。《阴谋与爱情》是部市民悲剧，描写的是某邦宰相儿子斐迪南爱上了乐师的女儿路易斯。宰相的秘书用阴谋破坏两人的爱情。斐迪南中计，毒死了自己和路易斯。宰相归罪于秘书，秘书又揭发宰相害死前任的罪行，两个歹徒暴露了彼此凶残面目。这是席勒青年时代最为成功的一部剧本。反映了当时德国统治阶级政治的腐败，生活的奢侈，精神的空虚，宫禁的秽行。恩格斯评价它的主要价值“就在于它是德国第一部有政治倾向的戏剧”。席勒的主要剧作还有《强盗》、《华伦斯坦》、《奥尔良的姑娘》、《威廉·退尔》、《唐·卡洛斯》和《斐爱斯柯》等。席勒以最富有现实主义的精神无愧于德国狂飙突进运动后期最优秀的作家。

歌德与《浮士德》

歌德（1749～1832），德国诗人。生于美因河畔的法兰克福。他一生从事文学创作，研究自然科学，并参与政治活动。他的文学作品不仅在德语文学，而且在世界文学中也占有重要地位。歌德从狂飙突进时期起直到他逝世前一年才完成了他的代表作品《浮士德》，前后延续了将近60年。《浮士德》取材于德国16世纪关于浮士德博士的传说。在传说中浮士德与魔鬼结盟，演出了许多罪恶的奇迹，死后灵魂被魔鬼掠去。歌德把这粗糙的民间传说经过加工改造，将浮士德提高为一个在人间不断追求最丰富的知识、最美好的事物、最崇高的理想的人物。歌德对于浮士德所结盟的魔鬼也赋予了深刻的意义，魔鬼代表虚无主义，自以为看破世情，处处帮助浮士德加深罪恶，阻

话剧《浮士德》舞台照

基本小知识

歌德

约翰·沃尔夫冈·冯·歌德是18世纪中叶到19世纪初德国和欧洲最重要的剧作家、诗人、思想家。歌德除了诗歌、戏剧、小说之外，在文艺理论、哲学、历史学、造型设计等方面，都取得了卓越的成就。

碍浮士德向上，但是终以失败告终。因为无论是帮助还是阻碍向上，都刺激不了浮士德不断努力地追求。浮士德与魔鬼这两个截然不同而又结成伙伴的形象体现出美与恶、积极与消极的辨证关系。诗剧结构庞大，情节复杂，充满了浪漫主义气息。歌德的主要作品还有小说《少年维特之烦恼》、《威廉

·迈斯》；历史剧《葛兹·冯·伯利欣根》；诗剧《普罗米修斯》等。除文学外，歌德在美学、哲学、历史和自然科学方面也都有卓著的成就。

巴尔扎克和“人间喜剧”

巴尔扎克（1799～1850），法国小说家。生于巴黎以南的图尔城。巴尔扎克的一生，处于19世纪前50年，经历了拿破仑帝国的战火纷飞的岁月，动荡不安的封建复辟王朝，以及以阴谋复辟帝制的路易·波拿巴为总统的第二共和国。他以总标题为“人间喜剧”的一系列小说，反映了剧烈的社会变革时期的法国生活。“人间喜剧”分为三大部分：“风俗研究”、“哲理研究”和“分析研究”。其中“风俗研究”内容最为丰富，包括小说最多，有著名的《高老头》、《欧也妮·葛朗台》、《夏倍上校》等。“哲理研究”和“分析研究”规模都相对比较小。“人间喜剧”按照总目录应有小说137部。到巴尔扎克去世为止共完成了90余部。“人间喜剧”被称为“社会百科全书”。它通过90余部小说，2400多个人物，展示了19世纪前半叶整个法国社会生活画卷。它是法国文学史上规模空前宏伟、内容空前丰富的现实主义作品。

惠特曼与《草叶集》

惠特曼（1819～1892），美国诗人。生于长岛，幼年家庭生活贫困。1855年《草叶集》第一版问世时，只收录了12首诗歌，到1892年第九版出版，共收入诗歌383首。《草叶集》代表着美国浪漫主义文学的高峰，也是世界文学宝库中的精品。《草叶集》反映了美国在内战前后从农业经济发展到一个工业大国的进程，用一种新的乐观的声音歌颂一个新民族的崛起。惠特曼不为趋附宗教与现行制度而创作，也不屑于附庸上流社会品茗赏画的琐碎风雅。他歌颂的对象都是处于社会下层的体力劳动者，并对美国的前途充满了信心，是一位真正的民族诗人。在风格上，惠特曼彻底摒弃了古板的格律，用自由体的形式抒发自由的思想。其代表作还有散文集《典型的日子》等。

伏尼契与《牛虻》

伏尼契

伏尼契（1864～1960），英国女作家。生于爱尔兰科克市。1885 年毕业于德国柏林音乐学院。1887 年在伦敦结识了不少流亡的革命者，其中俄国民粹派作家克拉夫钦斯基对她的思想和创作影响最深。她曾经侨居俄国两年，回到伦敦后参加了流亡者创办的《自由俄罗斯》杂志的编辑工作。1892 年与波兰流亡者米哈伊·伏尼契结婚。1897 年出版了作品《牛虻》。这部小说描写了 19 世纪 30 年代意大利革命者反对奥地利统治者、争取意大利独立和国家统一的斗争。主人公“牛虻”是出身富裕家庭的青年，在严酷的现实教育下识破了天主教会的虚伪，愤然出走，经历无数磨难，成为一个坚定的革命者，被捕后英勇不屈，从容就义。伏尼契的主要作品还有《奥丽维亚·拉塔姆》、《中断了的友谊》等。

《约翰·克利斯朵夫》

罗兰（1866～1944），法国作家。生于法国中部高原上的小市镇克拉姆西。《约翰·克利斯朵夫》发表于 1912 年。1916 年获诺贝尔文学奖。《约翰·克利斯朵夫》描写了出生于德国莱茵河畔的一个小城里的主人公，他从小随宫廷乐师的父亲进宫廷演出，目睹了封建贵族的骄横、小市民的奴颜，他鄙视豪门，攻击市侩。然而他在同情人民的苦难时，却又孤芳自赏，最后万念俱灰。这部写作长达 20 年的十卷本巨著，以克利斯朵夫的一生反映了当时具有民主思想的一代知识分子的叛逆、彷徨、追求和幻灭。罗兰坚持人道主义，反对战争，1919 年他发表《精神独立宣言》，号召世界各国知识界联合起来，抵制帝国主义的战争阴谋。罗兰的著作大致分为文学和音乐两大类：在音乐理论与音乐史方面，最重要的是 7 大卷《贝多芬的伟大创作时期》；文学方面有《贝多芬传》、《米开朗基罗传》、《托尔斯泰传》、《甘地传》及《弥莱传》等。

高尔基与自传体三部曲

高尔基（1868 ~ 1936），苏联作家。生于诺夫哥罗德城（高尔基市）。他幼年丧父，童年生活艰难，11 岁就到“人间”谋生。但是他没有停止过学习。19 世纪 90 年代，高尔基的无产阶级世界观还没有形成，艺术方法也在摸索阶段，他早期作品中现实主义与浪漫主义两种风格并存；20 世纪初，高尔基逐渐接受马克思主义世界观，积极参与革命活动，这一切推动了他文艺思想的发展，苏联十月革命使高尔基成为坚定的革命者，进入了创作高峰期。代表作有自传体三部曲《我的童年》、《在人间》和《我的大学》，这三部小说是高尔基遗产中最优秀的部分之一。他描写了作家从生活的底层攀上文化高峰、走向革命道路的经历，同时也反映了俄国一代劳动者在黑暗中寻找真理、追求光明的艰难曲折的历程。高尔基是无产阶级文学和苏联文

拓展阅读

《在人间》

《在人间》是高尔基自传体小说三部曲中的第二部，也是高尔基《人生三部曲》之一。小说描述的是主人公阿廖沙（高尔基的乳名）1871 年到 1884 年的生活。这段时期为了生活，他与外祖母摘野果出去卖糊口，当过绘图师的学徒，在一艘船上当过洗碗工，当过圣像作坊徒工。在人生的道路上，他历尽坎坷，与社会底层形形色色的人们打交道，他有机会阅读大量书籍。生活阅历和大量的阅读扩展了阿廖沙的视野，他决心“要做一个坚强的人，不要为环境所屈服”。他怀着这样的坚定信念，离开家乡奔赴喀山。

学的奠基人。他还为苏联文学确立社会主义现实主义的创作方法作出了卓越贡献。他的代表作品还有《母亲》、《克里姆·萨姆金的一生》等；戏剧《小市民》和《底层》等。

高尔基

马雅可夫斯基与“楼梯诗”

马雅克夫斯基（1893～1930），苏联诗人。生于格鲁吉亚库塔伊西省巴格达吉村。1908年加入苏联共产党。马雅可夫斯基于1912年开始从事创作时正逢俄国颓废派艺术泛滥时期，他也曾错误地把革命活动和艺术工作对立起来，开始接受未来主义的影响。1915年他和高尔基的会面给予了他巨大的影响。苏联“十月革命”以后，马雅可夫斯基的创作进入了新阶段。他曾把“十月革命”称为“我的革命”。1924年他进入创作的成熟期，写了大量的诗歌和戏剧。苏联“十月革命”以后出现了一种新的诗体，诗句结构特殊，往往一句分成若干行，有时甚至一个词也分成若干行，排列成楼梯式。它洗练严谨，突出了诗歌的顿歇作用，强调了最有分量的词语，节奏分明、刚健有力。特别适合于朗诵，人们将其称之为“楼梯诗”。它的创建者正是马雅可夫斯基。其代表作品还有《穿裤子的云》、《一亿五千万》、《列宁》和《关于这个》等。

卡夫卡与《变形记》

卡夫卡（1883～1924），奥地利小说家。生于布拉格的一个犹太家庭。1901年进入布拉格大学学习文学，后转修法律，1906年取得法学博士学位。卡夫卡受丹麦哲学家、存在主义先驱者克尔凯戈尔的影响很大，后者对他的思想和创作产生了深刻的影响。他也对中国的老庄哲学有浓厚的兴趣，并在创作中有所反映。卡夫卡的短篇小说《变形记》描写一个小职员格里高尔·萨姆沙在一天清晨突然变成一只甲虫，因而失去了职业，成为家庭的累赘，最后在寂寞和孤独中死去。小说深刻而生动地揭示了人与人之间关系的冷漠，描绘了资本主义社会中的“异化”现象。

海明威与《老人与海》

海明威（1899～1961），美国小说家。早期以“迷惘的一代”代表人物而著称。他风格独特，文体简练，在欧美很有影响。《老人与海》在题材所限的范围内几乎达到形式上的完美无缺，处理方法严谨，注意时间和地点的统一，行文简洁而内涵很深。海明威的这篇小说读起来和他多数的巨著一样，有着不止一层的丰富含义。这是一个激动人心的带有悲剧性的冒险故事。讲述了一个精神沮丧的老渔人，冒险远航至墨西哥湾并在那里钓得了一条该水域中从未见过的最大的马林鱼。在因奋力叉住这条大鱼而耗尽了力气之后，被迫地投入了一场和一群海盗似的鲨鱼绝望的搏斗之中，结果那群鲨鱼给他留下的猎获物只是一具骨架。这也是一个寓言式的故事，它描述了人所具有的不可征服的精神力量，即一个人如何从灾难和实际失败的环境中攫取精神上的胜利。1954 年，海明威获诺贝尔文学奖。

爱伦堡与“解冻文学”

爱伦堡（1891～1967），苏联作家、社会活动家。生于基辅一个工程师家庭。1910 年开始发表作品，其中的中篇小说《解冻》不仅是作家的代表作品，更是苏联文学史上具有划时代意义的作品。小说发表于 1956 年，以斯大林去世后苏联国内面临的思想动荡和改革为背景，描写了伏尔加河沿岸一家工厂 1953～1954 年发生的变化。作品抨击官僚主义，嘲讽势利小人，讴歌高尚纯洁的知识分子。这在当时万马齐喑的苏联社会是有胆有识的非凡之举，它传达出了苏联政坛及社会全面解冻的声音。此后便涌现出一批“解冻文学”。尽管《解冻》标志着一种思想解放的潮流，但客观地说，《解冻》是一种特殊意识形态话语中的写作。在数十年的苏联社会主义实践中，一直存在着两种文学：一种是主流文学，这种文学被命名为社会主义现实主义的文学；一种是反主流文学，亦可命名为社会主义人道主义的文学。《解冻》当属于后者。无论是社会主义现实主义，还是社会主义人道主义，其特殊意识形态话语是预先给定的前提。这个前提造就了一个与我们今天生活的社会截然不同的社会，即一个非市场、非消费—消费社会。《解冻》中的人物就生活在这样一个社会中。这个社会随着冷战时代的结束而逐渐消失了踪影。在今天这个意识形态日趋多元的世界，我们会觉得《解冻》中的人物有着一种与我们截然不同的社会存在本质。他们的爱与恨、乐与忧、拒绝与追求，在我们这些已开始承受市场经济压力的人看来，颇有点不可思议。然而，《解冻》所描述的生存状态还是会使我们记起人类还曾经进行过这样一次功过难明的巨大实验。这次实验造就了一种第二世界的文化，当它存在之时，人们感受到了它的深刻缺陷；当它终于解体，人们又意识到后现代社会的不尽如人意。因此，尽管《解冻》中人们对善与美的单纯明快的追求已随着第二世界文化的解体而烟消云散，但阅读《解冻》，不仅是一种温故，而且也可能意味着一种知新。爱伦堡的代表作品还有《巴黎的沦陷》、《暴风雨》、《九级浪》和《人·岁月·生活》等。

肖洛霍夫与《静静的顿河》

肖洛霍夫（1905～1984），苏联作家。生于顿河维辛斯卡亚。1926 年开始创作《静静的顿河》，经过 14 年才完成。小说描写苏联 1912 年至 1922 年间两次革命（二月革命、十月革命）和两次战争（第一次世界大战、国内战争），叙述了重大的历史事件和顿河哥萨克在这 10 年里的动荡生活，广泛地反映出哥萨克独特的风土人情和各个阶层的变化，塑造出在复杂的历史转折关头被卷入历史事件强大旋涡中的主人公葛利高里·麦列霍夫及其悲剧性的命运。葛利高里是中农哥萨克，勇敢顽强，热爱劳动，热爱自由，忠于爱情，并且具有积极行动、探索真理的性格。他在革命与战争中，从一个堡垒投入到另一个堡垒，反复寻找所谓正确的道路。他处在历史事件的急流当中，同各种社会力量的代表人物，不论是布尔什维克，革命的哥萨克，还是白军军

肖洛霍夫

官、反动将军们都发生过冲突。他的生活道路典型并特殊地表现了一部分哥萨克所走过的艰难曲折的历程。他在历史的歧路上徘徊，甚至沦落为匪徒，直到最后才逃出匪帮，回到已经建立了苏维埃政权的家乡。这部长篇小说场景宏伟，画面生动；气势雄浑的革命和战争场面与细腻的日常生活场面相互转换，风景描写与人物心理变化彼此衬托；众多的人物及其命运在历史事件的复杂交错中得到了深刻的表现。小说 1941 年获斯大林奖，1965 年获诺贝尔文学奖。肖洛霍夫其他主要作品还有《一个人的遭遇》和《被开垦的处女地》等。

拓展思考

《巴黎圣母院》

巴黎圣母院是法国文学家维克多·雨果所著，于 1831 年 1 月 14 日初版的小说。故事的场景设定在 1482 年的巴黎圣母院，内容环绕一名吉卜赛少女（拉·爱丝梅拉达）和由副主教（克诺德。福罗诺）养大的圣母院驼背敲钟人（加西莫多）。此故事曾多次被改编成电影、电视剧及音乐剧。

雨果与《巴黎圣母院》

雨果（1802～1885），法国作家。生于法国东部的贝藏松。他崇拜法国早期浪漫主义作家夏多布里昂。1830年2月25日，法国文学史发生了一个重大事件，巴黎法兰西剧院上演了雨果的韵文剧《欧那尼》，观众中喝彩和喝倒彩的乱成一片，主要是因为雨果在剧中把反暴君的大盗欧那尼写成了英雄，借此抒发自己反暴君的情绪。此后浪漫派占领了戏剧舞台，28岁的雨果也从此确立了自己浪漫派领袖的地位。在《欧那尼》之后的第二年他又创作了《巴黎圣母院》，小说无情地揭露了封建贵族和宗教神职人员的虚伪和狠毒，赞扬了平民的高贵品质。1851年雨果终于因为反对路易·波拿巴政变而被流放了19年之久，期间他完成了政治讽刺诗《惩罚集》和长篇小说《海上劳工》、《悲惨世界》、《笑面人》等。雨果的代表作品还有小说《九三年》；游记《莱茵河》；诗歌《做祖父的艺术》、《至高的怜悯》；戏剧《多尔格玛达》、《自由剧作》等。1885年5月22日雨果逝世于巴黎，法兰西为他举行国葬，成千上万的巴黎民众参加了葬礼。

父子作家——大仲马与小仲马

大仲马（1802～1870），法国作家。大仲马10岁以前上过几年小学。他主要是靠自学获得了学识和文学才能。他有极高的写作速度，一生写了200多部小说。其代表作品有《基督山伯爵》、《三个火枪手》、《玛尔戈王后》和《沙尔尼伯爵夫人》等。

小仲马（1824～1895），法国小说家。他是著名作家大仲马的私生子。7岁时大仲马才认其为子，却仍旧不认其母为妻。私生子的身世使小仲马在童年和少年时代受尽了世人讥讽。成年后他痛感法国资本主义社会的淫靡之风是造成许多像他们母子这样倍受侮辱的遭遇，他决心通过文学改变社会道德。其代表作品有《茶花女》、《私生子》、《半上流社会》、《放荡的父亲》等。他的作品大多以妇女、婚姻和家庭为题材，比较客观地表现了社会生活的真实。

大仲马曾说："我从我的梦想中汲取题材，我的儿子是从现实中汲取题材；我闭着眼睛写作，他睁着眼睛写作；我绘画，他照相。"大仲马的这段描述，或许为我们提供了这一对父子作家在创作方法与风格上所存在的不同。

师徒作家——福楼拜与莫泊桑

福楼拜（1821 ~ 1880），法国作家。青年时期学习法律，法国大文豪巴尔扎克对他影响甚大。福楼拜一生经历了复辟王朝、二月革命、第二帝国、普法之战、巴黎公社和第三共和国。其代表作有《包法利夫人》、《圣·安东的诱惑》和《萨朗宝》等。福楼拜终身过着独身生活，是晚辈作家莫泊桑从事文学创作初期的导师。

莫泊桑（1850 ~ 1893），法国作家。生于法国西北部诺曼底省迪耶普小城附近一没落的贵族家庭。1870 年去巴黎攻读法学，后入伍。退伍以后，拜福楼拜为师从事文学创作。莫泊桑以短篇小说见长，有短篇小说巨匠的美称。

福楼拜堪称严师，经常对莫泊桑进行"速写"训练。要求他要有敏锐的观察力。莫泊桑正是在导师的严格指导下，花了将近 10 年的苦功，于 1880 年发表了《羊脂球》，博得老师的拍案叫绝。在仅仅 10 年的时间里，他创作了 300 多部中、短篇小说，6 部长篇小说，3 部游记，1 部诗集和许多的政治杂文。其代表作品还有《一生》、《俊友》、《菲菲小姐》、《项链》和《我的叔叔于勒》等。

自然主义创始人——左拉

左拉（1840～1902），法国小说家。生于巴黎，父亲是意大利人，母亲是希腊人。幼年丧父，生活艰辛。巴尔扎克对其有重要的影响，但是他不满足于模仿前人，认为新时代需要创建新的文学，立志“自己摸索一条道路”。受法国科学技术突飞猛进的影响，左拉参考了把社会看作生物学机体的孔德的实证主义哲学，提出了他的自然主义文学理论，成为19世纪后半叶法国最有影响的作家和理论家。他曾伏案25年创作出一部包括20部长篇小说的巨著《卢贡——马卡尔家族的命运》，真实地描写了19世纪后半叶法国社会的生活画面。其代表作品有《克洛德德忏悔》、《萌芽》、《俎上肉》、《小酒店》等。

罗伯·格里耶与新小说派

罗伯·格里耶（1922～2008），法国作家。生于法国布列斯特，原为农艺师。1955年后任巴黎子夜出版社的文学顾问，并开始从事写作和电影编导。他的论文《未来小说的道路》（1956）和《自然、人道主义、悲剧》（1958），被称为新小说派的宣言。新小说派又称“反传统小说派”，20世纪50年代出现于法国文坛，开始不被理解，60年代后逐步扩大影响。新小说派认为传统的文学创作方法无法表现动荡、变化的现实和人的主观世界，因此主张革新小说的创作方法，以便更深刻地反映事物和真实。他们师承普林斯特、卡夫卡、福克纳，不注重情节描写和性格描写，而着力于外界事物的描绘，有时甚至用号码代替人物姓名，完全打破时间和空间概念，作品中大量出现梦境、回忆、幻觉和潜意识。反对以人物作为写作的中心，他们主张小说要把人与物区分开来，要着重物质世界的描写，认为小说的主要任务不是塑造人物的形象，更不在于表达作者的思想感情、政治立场、道德观念等，而是要写出

“一个更实在的，更直观的世界”。他的作品还有小说《橡皮》、《窥视者》；电影剧本《去年在马里昂巴德》；他所编导的电影《不朽的女人》，曾获得德路克电影奖。

海勒与《二十二条军规》

海勒（1923 ~ 1999），美国作家。第二次世界大战期间曾任空军中尉。1950 年以后曾任《时代》和《展望》等杂志编辑。1958 年开始写作。他最为重要的作品是长篇小说《第二十二条军规》（1961 年）。小说描写了第二次世界大战期间美国空军内部的专横、残暴、贪婪和人们受到的迫害，反映了现代社会各种权势利欲的争夺。“第二十二条军规”没有确定内容，经常被执法者按照自己的需要加以解释，以便随心所欲地置人于死地。海勒是黑色幽默文学的代表人物，他的创作方法往往是超现实而不是从写实的角度出发，经常以夸张的手法将生活漫画化。其代表作还有《出了毛病》和《像黄金一样好》等。

渡边淳一

马尔克斯与《百年孤独》

加西亚·马尔克斯(1928～)，哥伦比亚作家。生于马格达莱纳省的阿拉卡塔卡镇一个医生家庭。大学攻读法律，1955年开始发表作品，1967年出版《百年孤独》。这是一部极其丰富的、多层次的小说。它是一部关于霍塞·阿卡狄奥·布恩狄亚几代子孙的家庭编年史；它描写了一个象征着马尔克斯故乡阿拉卡塔卡的小镇马孔多的时代变迁，同时也是哥伦比亚、拉丁美洲和现代世界上一个世纪以来风云变幻的神话般的历史。从更深远的意义上说，它是西方文明的一个总结，从它的源头古希腊神话、荷马史诗、《创世记》中的创世神话开始，带着对蒙昧状态的伊甸园的净土世界那种质朴和纯洁的深深的怀念。这部编年史是一个吉卜赛智者用梵文写的手稿，只有布恩狄亚家族的最后一个男人才能译解，并且只有在每一个读者单独读它时，才能理解它的含义。这是一个充满神奇与狂欢的故事，是这个世界和它的困境、迷信的一面镜子。同时它也是一个充满虚构的世界，吸引每一个读者步入令人浮想联翩的幻境。作品反映和评价了哥伦比亚和拉丁美洲被西班牙征服以来的社会历史事件。其代表作品还有《家长的没落》和《恶时辰》等。他的作品主要的特色是用幻想与现实巧妙地结合来反映社会与现实生活。1982年加西亚·马尔克斯获诺贝尔文学奖。

你知道吗

《荷马史诗》

《荷马史诗》是相传由古希腊盲诗人荷马创作的两部长篇史诗《伊利亚特》和《奥德赛》的统称。两部史诗都分成24卷，这两部史诗最初可能只是基于古代传说的口头文学，靠着乐师的背诵流传。它作为史料，不仅反映了公元前11世纪到公元前9世纪的社会情况，而且反映了迈锡尼文明。它再现了古代希腊社会的图景，是研究早期社会的重要史料。

渡边淳一与《失乐园》

渡边淳一（1933～），当代日本文学的代表人物之一。生于日本北海道，医学博士、外科医生出身。后弃医从文。1965年以小说《死化妆》登上文坛。1980年其长篇小说《遥远的落日》，获日本文学大奖“吉川英治文学奖”。其代表作品《失乐园》在日本发行260万册并被拍成电影。中国人大多是因《失乐园》及其电影而“结识”了渡边淳一。外科医生出身的渡边淳一，巧妙地把医学眼和文学眼做了最佳的结合，找到一个特殊的视角透视男女关系。他对现代社会的婚姻和家庭怀有深深的疑问。他认为不论如何相爱的男女，如果他们结成夫妻，那么他们就会迅速失去恋爱时的热情，难以产生强烈的性爱和情爱。而且，很多作家的小说写过社会责任与爱的话题，这样的小说太陈旧。他关注更多的是文学作品发掘人内心深处的本能和愿望。

罗琳与《哈里·波特》

J·K·罗琳（1965～），本名乔安妮·凯瑟琳·罗琳。生于英国的格温特郡。罗琳小时候是个戴眼镜相貌平平的女孩，非常爱学习，有点害羞、流着鼻涕、还比较野。罗琳从1994年开始写《哈里·波特》，到现在已经写完5部，前3部已经被搬上银幕。迄今为止，《哈里·波特》前4部书的总销量已达1.92亿册，在全球200多个国家和地区中，《哈里·波特》至少用55种语言讲述着自己的故事。小波特因父母被沃尔德莫特爵士杀害，而被寄养在舅舅家。他从一批神奇的来信和一位叫哈格里德的巨人的指导中，在他11岁生日时意识到自己是个巫师，具备到霍格沃茨巫师学校念书的资格。他在学校人缘好，玩游戏老是夺得头筹。与舅舅一家度完一个讨厌的夏天后，哈里乘着一辆会飞的汽车返回霍格沃茨，开始第二年的学习。作者在本书里引入了邪恶的因素：绑架、妖魔和恐怖声音。故事关键是发现谁把学生陷入致命昏迷状态。天生巫师和由普通人转变的巫师之间，出现了紧张的对峙。在巫师学校第三年，突然降临的监狱看守，让小波特重新触动父母遇难前那一刻的可怕记忆。来者是巫师监狱阿兹卡班的看守，前来追索一个出逃的巫师、小波特的教父布莱克。霍格沃茨新来了一位教授防御诡计的教授，他帮助小波特懂得过去，以及为什么斯奈普教授讨厌他。在第四年，事态变得更为糟糕。坏巫师沃德莫特打开一本记载残酷谋害一个无辜者旧事的书。霍格沃茨学校迎来有一个世纪传统的竞技比赛会：巫师奥林匹克运动会。小波特必须同过去和邪恶巫师赛高下，并且要同法国和比利时对手较量。

《哈里·波特》系列对于孩子们的吸引力诚然可以解释为从现实世界中逃离，并因此获得强而有力的幻想作用，再加上这些故事的确轻松、有趣，而且有恰到好处的惊险。罗琳的魔法世界没有神的位置，这个世界所适应的读者的幻想生活仅仅局限于电视卡通，还有一个经过夸张的镜像世界，包括了肥皂剧，以及跟踪拍摄一些人生活真实细节的真实电视节目和名人闲话，这种夸张是让人觉得更加刺激的，而不是更加危险。这个世界里每一个人的目标就是保护或者破坏哈里·波特和他的朋友及家庭，除此之外，没有别的。《哈里·波特》一书的出版以及影片的全球发行，使得作者罗琳成为英国最富有的女性之一。罗琳和她的《哈里·波特》带动了全球的奇幻文学热，还促使那些儿童文学作家反思自己创作中存在的问题。

快乐悦读——文化知识

电影博览

KUAILE YUEDU WENHUA ZHISHI

电影艺术是20世纪诞生的一种艺术类别。以现代科技为手段，以画面与声音为媒介，在运动着的时间和空间里创造银幕形象，反映和表现现实生活和思想感情的一种艺术。

本章系统地介绍了电影艺术的构成元素、艺术特色，以及电影的发展史。本章在论述中，不仅引用大量中外电影艺术的经典著述，以丰富其内涵，而且对电影的创作、制作、评论等运作予以应有的示范，具有一定的理论和实用价值。

电影是与戏剧、绘画、音乐、舞蹈、雕塑、建筑并列的“第七艺术”。电影是在摄影技术的基础上发展起来的，而快速摄影技术是电影得以诞生的关键。它根据“视觉暂留”原理，运用照相手段，把外界事物的影像摄录在胶片上，通过放映机将画面连续投射在银幕上，形成活动影像，以表现一定内容。自电影诞生以来，经过先驱者们的不断探索，逐步从最初只有半分钟左右的单镜头影片，发展到几分钟以上的多镜头剪接的影片，从机械地记录生活，发展到综合运用多种艺术手段的戏剧电影，使电影逐渐成为一门艺术。

黑色电影

黑色电影主要出现在20世纪四五十年代的好莱坞，以大量的街道背景，表现主义的视觉风格，侦探、犯罪一类的题材和阴暗、悲观、恐惧情绪为特征的影片。这一词语是法国影评家尼诺·法兰克在1946年因受“黑色小说”一词的启发而创造出来。它不是指一种类型，而是指主要归属在侦探片类型中或犯罪题材下的一种影片风格。黑色电影常用的手法有：(1) 低调子、低角度照明、大光比的布光、非常硬朗的摄影调子；(2) 不稳定的构图、形状奇特的光区和线条、物体（门、窗、楼梯、金属架）常形成对人的分离和挤压；(3) 演员经常处在阴影中；(4) 经常使用摄影上的构图、角度、运动来控制场面；(5) 经常使用复杂的叙事时空来加强人对过去的宿命感和对未来的绝望；(6) 黑色电影的主人公往往是挤在警察与罪犯之间的侦探，他们不想与罪恶的世界同流合污但又处于虽愤世嫉俗但无可奈何的境地。一般认为，

趣味点击　好莱坞

好莱坞，是全球最著名的影视娱乐和旅游热门地点，位于美国加利福尼亚州洛杉矶市市区西北郊。现“好莱坞”一词往往直接用来指美国加州南部的电影工业。好莱坞市位于加利福尼亚州西南部的美国第二大城市洛杉矶市的西北部，是世界著名的电影城市。

1942 年约翰·休斯顿改编并导演的侦探片《马尔他之鹰》奠定了黑色电影从视觉风格到叙事手法和主人公（亨弗莱·鲍嘉饰）形象等一系列的基本特征。20 世纪 50 年代中期以后，黑色影片便逐渐消失。黑色影片还指法国战后一批导演以强盗生活和其他犯罪行为作为题材而拍摄的一系列影片。这其中的代表性人物是让·皮埃尔·梅尔维尔。

意识流电影

意识流电影是 20 世纪 50 年代中出现、延续至今的以意识流为理解世界的主旨、以意识流为人思维的经常形式、并以意识流的方法创作的电影。“意识流”一词来自 20 世纪初的哲学和文学。最早也是最著名的作品有：伯格曼的《野草莓》、雷乃的《广岛之恋》等。可以在两个层次上理解意识流在电影制作中的作用，一是把它作为一个结构影片的方法。或是说，利用它为展现不在影片正常时间进程中出现的事件提供契机，比如人们所说的回忆场面。其次，意识流可以是一种思想方法、世界观。第二类的意识流电影当然可以被看作是“纯粹”的、正统的。这种类型很难进一步具体界定，但起码有如下几个特征：（1）意识流已不仅是结构手段，而是上升为整个影片的主旨。（2）影片中有时故事的现实时空与意识流中的几个时空已无法明确分辨，事件的主观色彩浓于客观色彩。（3）任何风格的场面都有资格出现在意识流的段落中：荒诞的、梦幻的、错觉的、抽象的等等。（4）意识流段中的几个时空在影片的前后顺序中经常错位。（5）回忆、联想等都非常个人化，是细腻的个人的感觉，

> **广角镜**
>
> **广岛之恋**
>
> 《广岛之恋》作为现代电影的开山之作，与传统电影单一直白的主题相比，它的主题是具有多义和暧昧性的，它充满了多层次的意味，以阿仑·雷乃自己的话说：“整部影片是建立在矛盾的基础上的，包括必然的、可怕的遗忘的矛盾。一个在集体的、巨大的悲剧的背景上出现的个人的辛酸而渺小的命运之间的矛盾。”因此，对于《广岛之恋》我们需要从不同的层面和角度来予以揭示和理解。

别人难以捕捉或预测的东西。这一类作品中比较典型的，有瑞典的伯格曼、法国的雷乃、意大利的费里尼等人的部分作品。

主流电影

一般指反映社会主流意识形态及观念、具有稳定的票房保证，因而投资者肯投入大量资金的一类影片。其典范形式就是20世纪20～50年代的好莱坞电影。好莱坞一直保持着以巨额投资为基础的资本主义电影工业，它是西方社会主流意识形态结构中的一个组成部分，并支持着主流意识形态的持久和稳固。长期以来，好莱坞电影一直是以它娴熟的技巧、流畅的叙事模式以及非凡的商业成功占据着美国甚至世界的电影霸主地位，但是，无论它的风格、样式如何丰富多彩，它始终把自己局限于一种反映主导意识形态观念的规范之中，成为美国社会甚至是世界性的主流电影。女权主义的电影理论认为，在主流电影中，毫无例外地通过把奇观和叙事结合起来，为观众提供一种广义上的视觉色情快感，从而将他们更深地纳入男性社会秩序。随着电影技术的进步和电影观念的革命，一方面，电影生产的经济条件和环境得以改变，它现在既可以是手工方式的，也可以是资本主义的；另一方面，又唤醒了一大批电影工作者作为电影艺术家的主体创作意识，他们再也不愿意把自己的电影工作局限在一种商业的运行轨道之中，而是拍摄了一大批反社会性和极具个人风格化的非主流电影，试图动摇主流电影的霸主地位。

水幕电影

水幕电影与常规电影完全不同。它是利用高压水泵通过特制的喷头，将水自下而上喷出，使水雾化并形成扇面形银幕。此银幕与自然界的夜空连成一片，人物出入画面，忽而腾起飞向天空，忽而又从天而降，产生一种虚幻缥缈的感觉，似海市蜃楼。

环幕电影

环幕电影也称360度圆周电影，厅内呈圆形周边，由9块银幕组成一个环形银幕。由9台放映机同时放映。观众观摩时，站在圆周中心位置，左顾右盼，目不暇接：画面景象壮观，气势磅礴，加上多声道立体声效果，给人以身临其境般的强烈震撼。

立体电影

立体电影是利用光学原理与人眼的视差相配合产生的一种奇特的空间影像和立体效果，当观众戴上特制的偏光眼镜，就会感到银幕上的一切景物和大自然一样，存在着远近前后不同的距离，有的景物近在眼前，似乎唾手可得。当某一物体朝观众快速推进时，人们会感觉到物体扑面袭来而大吃一惊。

宽银幕电影

电影的一种呈现形态，是比较普通标准银幕更宽的电影的统称。电影银幕的规格是根据人眼的视觉习惯来确定的，普通银幕电影基本上就是遵循了这一原则。而宽银幕电影的出现正是为了更充分地尊重人眼在观赏方面的生理机能，更充分地增强艺术的表现力的结果。尤其适用于表现大自然景观、群众性和战争场面的广阔。20世纪50年代，人们采用35毫米胶片，通过技术手段，将画面的宽度横向扩展两倍，得到的放映画面宽高比为2.35∶1，实现了变形画面的宽银幕电影，也被称为“西尼玛斯柯普型电影”。此外还有一种“假宽电影”，通过遮挡使画面宽高比变成1.66∶1或1.85∶1的比例，被称为遮幅电影。此后又出现了用70毫米的电影胶片直接摄制完成的宽银幕电影，画幅宽高比为2∶1。

数字电影

完整的数字电影概念，是指电影摄影、编辑和放映等过程全部用数字格式统一起来。与传统电影方式相比，整个过程将完全摒弃电影胶片。最后放映采用 DLP 方式（DigitalLight Prcessing）的投影机。

知识小链接

投影机

谓投影机又称投影仪，目前投影技术日新月异，随着科技的发展，投影行业也发展到了一个至高的领域。主要通过 3M LCOS RGB 三色投影光机和 720P 片解码技术，把传统庞大的投影机精巧化、便携化、微小化、娱乐化、实用化，使投影技术更加贴近生活和娱乐。

数字电影可以通过卫星、互联网等方式传输，从而省去了传统胶片拷贝发行的成本，今后电影公司可以直接通过网络向影院和个人发行电影。

我国目前的数字电影产业基本上是被动地放映国外大片，还没有自己的数字片源，国产数字电影如《寻枪》、《天上草原》都是“胶转数”，即将普通胶片转换成可供数字放映设备放映的数字方式。

《淘金记》

这是世界著名电影喜剧大师查理·卓别林的代表作，也是世界喜剧片的经典之作。

故事情节是这样的：流浪汉夏尔洛去淘金，遇上胖子吉姆，他们历尽艰辛，找到金矿，成为暴发户，夏尔洛与他一直爱慕的乔治亚喜结良缘。故事本身并不新奇，但是卓别林充分调动电影手段制造喜剧效果，非常成功。

影片一开始就渲染了环境，突出了夏尔洛的险恶处境：他在白雪茫茫的荒原上乱闯，似乎迷失了方向，在画面中，他的身后出现一只熊，而他却根本没有察觉。影片把一种灾害的可能发生与主人公对此毫无意识这两种对立的因素通过视觉形象表现出来，既有喜剧效果，也预示了夏尔洛将要面临的危险处境。同时也为影片定下基调：这是一部具有悲剧性因素的喜剧片。

这部影片由许多段落构成，每个段落有自己的基本主题。这些主题往往是严肃的，但在影片的叙述过程中却充满了喜剧场面。卓别林靠这些喜剧场面的逐渐积累，突出每个段落的基本主题。例如夏尔洛在小屋中遇到了逃犯拉森和大个子吉姆，他们共同受到饥饿威胁，卓别林以饥饿的威胁为主题，设计了一系列独特的喜剧场面。夏尔洛把皮鞋煮了，然后分而食之，这还不够可笑。可笑的是他们模仿参加盛大宴会的方式吃皮鞋，把鞋带当做通心粉，用叉子卷起来吃，把鞋当做鸡肉，但是吐出来的不是鸡骨头，而是鞋钉。接着吉姆因饥饿而丧失理智，影片以吉姆的主观视点表现，夏尔洛在吉姆眼中像鸡一样走路，随后变成了硕大的鸡，吉姆想打死夏尔洛充饥。这种主观镜头表现的幻觉在卓别林影片中并不多见，它不仅加强了喜剧效果，也暗示出严肃的主题：当人们在生死存亡的紧急关头，就有可能丧失理智而自相残杀，人为了追求财富（在这部影片中是淘金）就会发展到人吃人。由此可见，他对社会现实的批判是深刻的，而表达方式却是非常巧妙的。

拓展阅读

喜剧片

喜剧片指以笑激发观众爱憎的影片。常用不同含义的笑声，鞭笞社会上一切丑恶落后现象，歌颂现实生活中美好进步事物，能使观众在轻松愉快的笑声中接受启示和教育。多以巧妙的结构，夸张的手法，轻松风趣的情节和幽默诙谐的语言，着重刻画喜剧性人物的独特性格。种类较多，常见的有歌颂性喜剧和讽刺性喜剧，如《假凤虚凰》、《今天我休息》、《小鬼当家》和台湾影片《稻草人》等。

喜剧一般难于塑造丰富的正面人物形象，特别是用抒情感伤情调，表现带有悲剧性的命运，而《淘金记》却表现得很成功。这主要体现在夏尔洛与舞女乔治亚的爱情方面。开始夏尔洛陷入了可悲的境地，他对乔治亚一见钟情但看来却没有发展关系的希望。影片的剪辑巧妙地突出了这点：他看着迷人的乔治亚，发现她也笑容可掬地向这个方向看，他受宠若惊，迎上前去，才发现她根本没有注意他，而是在频频向他身后站着的杰克眉来眼去地调情。后来，她与杰克闹别扭，为了气他，故意要找一个舞场中最不起眼的舞伴，因此挑上了夏尔洛，可见他在她眼中的地位。他成为人们嘲笑的对象，先是裤子要掉，他用手杖勾住；后来他顺手抄来一根绳子拴住裤子，我们会以为他总算渡过难关，不料绳子那一头拴着一只狗，这狗去追一只猫，又把夏尔洛拉倒，造成一场混乱的闹剧。观众尽管被逗笑，但始终同情夏尔洛这个被侮辱的小人物。这个段落的高潮是夏尔洛的梦幻。除夕夜，他苦苦地等待乔治亚及其他舞女赴会，而她们早把这事忘在脑后，在舞厅与杰克寻欢作乐。对比十分鲜明。这时夏尔洛陷入梦幻境界：乔治亚等人飘然而至，央求他表演节目，他用叉子叉起两个梭子形的小面包，当做舞女的脚，随着音乐节奏，模拟舞女的舞姿，在桌面上翩翩起舞。这是电影史上的一个经典段落，卓别林的模拟舞蹈技艺高超，富有韵律，本身有极强的喜剧性，而且突出了他的感情纯真质朴，反衬出乔治亚等人的庸俗和缺乏人性。这里，感伤情景和喜剧场面完满融合，使人意识到，最可笑的地方恰恰也是悲剧性最强的地方。观众是含着泪在笑。

这部影片在利用道具制造喜剧的视觉效果方面也有独到之处。例如夏尔洛和吉姆住的小木屋被风刮到悬崖边，观众发现他们危在旦夕，而他们却浑然不觉，于是导演利用小木屋在悬崖边上的平衡做为悬念，制造了大量喜剧噱头。但是观众一方面为他们的处境担心，另一方面却并不真正相信他们会摔得粉身碎骨，因为前面的喜剧情调已经确立，所以观众从他们的狼狈处境中感受到的只是喜剧性快感。由于是无声片，这种喜剧性不是来自语言和音响，而是来自视觉。观众亲眼看到他们面临一个又一个的危机，而又逢凶化吉，必然会发出会心的笑。

影片的结局是完满的大团圆，这在卓别林的喜剧片中是少见的。这个结尾在影片内容方面意义不大，但是在喜剧结构方面有作用，它平衡了喜剧性和悲剧性所占的比重，使影片喜剧性占上风，满足了观众的同情心，他们希望这位始终受欺辱的小人物最终交好运。

《现代启示录》

《现代启示录》是美国反映侵越战争的一系列影片中最成功的一部。

这部影片采用了英国作家约瑟夫·康拉德最著名的小说《黑暗的心灵》的框架。原小说是讲一位青年船长去刚果做生意，并奉公司之命去害该公司驻刚果分公司的代理人库尔茨。船长到刚果后理解了库尔茨，没有杀他，把他带到英国。影片根据这部小说改编为：美国侵越部队的特种部队上尉威拉德奉上级命令去暗杀一个美国上校库尔茨。库尔茨在越南战争中精神失常，成为当地土著部落的领袖，因不听从美军调遣，而且有损美国声誉，必须除掉。威拉德带领四名士兵乘一艘巡逻艇从西贡出发，沿湄公河上溯，影片从威拉德的视角展示了侵越美军的一系列暴行。

作为战争片，这部影片有一些独特之处。

首先，影片构思巧妙，整体设计新颖而完整。影片中的湄公河象征人类历史发展长河。当威拉德一伙顺河上溯时，看到并参与了一系列暴行，他们的人性越来越少，兽性越来越多，等到他们找到库尔茨时，已变得比库尔尔茨更凶残。这意味着战争使人类退化。这种意图也许不易理解，但是毕竟谴责了战争对人性的扭曲，表现了编导反对侵略战争、渴望和平的愿望。这种对侵越战争的反思，也推动了美国国内的反越战的运动。

拓展思考

战争片

战争片亦称“军事片”。以战争史上重大军事行动为题材的影片，有通过战争事件、战役经过和战斗场面的描写，刻画人物性格，树立英雄形象；也有通过人物和故事情节的描写，形象地阐释某一重大军事行动、军事思想和军事原则；还有反映战争给人们带来的灾难和心灵创伤。

其次，影片采用从现实主义逐渐向超现实主义过渡的创作方法，从揭露现实发展到探求哲理，衔接自然流畅，浑然一体。在用现实主义手法描绘战争时善于选择典型的人物和事件。例如，威拉德遇上一位美军中校，名叫基戈尔，他好战成癖，以杀人为乐趣。他一边乘直升飞机对越南平民狂轰滥炸，一面用大功率扩音器播放瓦格纳的音乐，感到特别兴奋快乐。他为了要在战争进行的时候安全地欣赏士兵冲浪，派飞机把海边的丛林烧成一片火海，他说自己最喜欢闻凝固汽油弹爆炸燃烧的气味，可见他已变成杀人魔王和战争疯子。这是美国好战的上层军官的典型。最开始威拉德对基戈尔这种人感到不可理解，但是，随着他们越来越深地陷入战争泥潭，自己也越来越残忍。有一次遇到一只小船，在检查时，并没有发现什么异常情况，忽然一只小狗动了一下，他们惊慌失措，开枪猛烈扫射，打死多人，真是风声鹤唳，草木皆兵。有的士兵对自己的暴行深感内疚，要给受伤的越南妇女包扎，一向温文尔雅的威拉德竟然开枪打死她。他们自己生活在恐惧之中，整日酗酒吸毒，无可救药。最后威拉德找到了库尔茨，终于明白，是这种侵略战争把他逼疯了。他杀死了库尔茨，土人们拥戴他为领袖，他陷入矛盾之中。最后这段已不是写实主义风格了，带有鲜明的超现实主义成分。这也许不能恰当地解释侵略战争的本质，但是编导严肃认真的积极探求真理的态度是值得赞许的。观众跟随威拉德走进越南丛林，也仿佛经历了这场荒诞、恐怖、灭绝人性的战争，自然会反对战争。编导曾希望把这部影片拍成一部没有政治口号的政治片，显然他们达到了预期的目的。

这部影片技巧运用别出心裁。特别是摄影和音乐成功地渲染了战争气氛，有极强的艺术感染力。如拍摄直升飞机一面轰炸一面放音乐时，摄影角度变化灵活，音响震撼人心，二者综合，组成强烈的视听效果，恰如其分地表现出美军的疯狂。在拍摄歌舞明星劳军一场时，强烈的聚光灯柱不断横扫，数千名美军官兵骚动不安，不仅与一般美国歌舞片的华丽场面截然不同，而且与周围阴沉黑暗的丛林形成鲜明对

你知道吗

音响效果

音响效果，简称“效果”。戏剧、电影和其他舞台演出的创作手段之一。运用多种专用器具和技法，模拟或再现各种声响，如风声、雨声、枪炮声等，创造舞台真实感，以烘托环境气氛，增强艺术感染力。

比；美军官兵兽性大发，劳军女郎仓皇乘直升飞机逃跑，拍得有声有色，惊心动魄，仿佛到了世界末日。特别是最后一部分，库尔茨始终处于黑暗之中，强烈的以阴暗为主调的画面造型突出了神秘莫测的气氛，也暗示出库尔茨的阴暗心理。这些都已成为战争片的著名段落。这部影片获得第52届奥斯卡奖中的最佳摄影和最佳音响效果两项金像奖。

《巴顿将军》

《巴顿将军》是一部以真人真事为依据而拍摄的电影。但它不是严格意义的人物传记片，而是经过艺术加工了的战争题材故事片。它巧妙地把教化功能和艺术性、观赏性结合起来，成为一部成功的好莱坞作品。

影片基本采用写实的手法，着重表现了战争与人的关系，成功地塑造了有“暴戾军神”之称的巴顿将军。因此巴顿的独特性格无疑成为构成影片魅力的重要因素。他受过良好的军事训练，是西点军校的高材生，又是美国最富有的将军。他常常用粗话骂人，脾气暴烈，喜欢打硬仗，用他自己的话说就是“美国人一向是爱斗的”，“美国人爱胜利者”。他酷爱战争，是一个典型的战争动物，是没有战争就无法生存的人。他对布莱德雷将军说：“一个职业军人应该死在最后战争的最后一仗里，被最后一颗子弹打中。”这是一种诗意的表达。而书生意气恰恰是巴顿不同于一般军事将领的一个重要特征。从本质来说，巴顿是一个性情中人，是书生意气与将军本色的天然合体。巴顿的古典气质和书生意气在美军墓地和参谋一起漫步的一段中有明显的表达。远景中巴顿和参谋立在沙漠里，背后是两行脚印，切到近景，巴顿谈起他想和“混蛋天才”隆美尔像古代骑士一样单独决斗：“隆美尔和我各乘坦克，相隔20步停下，出来握握手，再进坦克进行战斗，就我们俩。这次战斗决定战争的胜负。”参谋笑着说他的想法已经不时兴了。因为这已是20世纪。巴顿感慨地说：“天哪，我真恨20世纪！”

影片中用手枪打飞机的情节也显示了他的这种个人英雄气质。盟军飞机掩护跟不上，制空权被德国人控制，巴顿一人冲出司令部，用手枪向飞机开火。仰角拍摄的巴顿将军正面立着，向天上敌机喊：“打吧，混蛋，对准我的鼻子打！”这时，盟军官员在二楼阳台上叫他：“快回来，乔治，我们需要一个司令官，不是一个伤员。”巴顿不理会，举枪向飞机发射。这时片中插入腿的特写，巴顿两只穿皮靴的脚占据了整个画面，透过其画面上的腿，敌机正飞过。接着一个中景，巴顿向飞机射击，摇镜头跟了一周。当然，他不可能打到飞机，但他的英雄气质却表现得淋漓尽致。

为了塑造性格鲜明的巴顿形象，影片采用了对比方法。与巴顿不同，布莱德雷和蒙哥马利是另外类型的将军。布莱德雷是一个理性的将军，正如他自己对巴顿所说的：“我打仗是因为他们训练我打仗，你打仗是因为你爱打仗。”他老成持重，斯文，有政治头脑，没有诗意，却更善于协调关系，做了集团军司令。事实也证明，他被授予五星上将，而巴顿却只是四星上将。蒙哥马利在影片中被丑化以衬托巴顿。巴顿走路、敬礼的动作严正规范，而蒙哥马利走路摇摇晃晃，敬礼五指分开，毫无大将风范。然而，战争结束后，蒙哥马利得到了女王的接见，成为英国下任帝国军队的参谋长，而巴顿却因失言被解除军职，离开他视为生命的军队。布莱德雷和蒙哥马利在性格和命运上与巴顿的对比恰好使巴顿的性格更为突出。

影片不仅正面描写巴顿，也利用德军反应来强化巴顿形象，而且更有说服力。史其格尔上尉向隆美尔汇报情况既是德军的实际需要，又避免了正面叙述，突出了巴顿的性格特征：“他爱写诗，提倡死而复生，他祈祷虔诚，又会用下流话骂人。他的格言是永远进攻，决不退缩。”这恰恰从侧面突出了巴顿将军的形象。

《广岛之恋》

《广岛之恋》是法国电影导演阿伦雷乃首次长片之作，本片获 1959 年戛纳国际电影节评委会大奖，在法国电影艺术与技术科学院 1979 年评选的“法国十大佳片”中名列第七。

《广岛之恋》写的是一位法国女演员到广岛拍摄一部宣传和平的影片，与一位日本建筑师产生了短暂的爱情，从而唤起她对初恋情人的回忆。第二次大战时期，在她被德军占领了的家乡内韦尔，她与一个德国士兵相爱了，但恋人被抵抗战士的冷枪打死，她也被视为法奸被剪光了头发。恍惚中，她把两个情人混同起来了。不能实现的爱情、即将到来的离别、广岛遭原子弹浩劫的惨剧、她个人的痛苦回忆……一切都混淆在一起了。他们彼此呼唤着对方：“广——岛！内——韦——尔”。影片一问世即轰动西方影坛，被誉为“空前伟大的影片”，“也许和《公民凯恩》同样重要”。

《广岛之恋》在一定意义上是西方电影从传统时期讲入现代时期的转折点，它宣告了一个与新浪潮电影同时期的流派即“左岸派”的崛起。它也是“作者电影”的代表作，既具有编导者的独特风格，又有十分浓烈的文学色彩。与传统电影通常的单一表现不同，本片意蕴暧昧多义，可作多层次阐释。它既表现了一个爱情故事，又折射了战争，进而达到对和平主义的赞颂。它还以矛盾运动的辩证结构阐发了“忘却”与“记忆”之间的复杂关系，告诫人们不要忘记惨痛的历史。本片一反传统电影的线性叙述，将时空交错的意识流、象征主义、“新小说”的文学语言有机地融为一体，极大地拓展了电影语言的空间。大段的内心独白，祷文式的叠句、咏叹式的朗诵，为一般影片所罕见。导演运用画面表现了人的潜意识活动，形成影片现实与记忆交错，不同时空交叉的意识流叙事方法，同时在视觉与语言之间达到完美的平衡。大量的象征手法使影片的人物与内涵具有抽象和普遍的意义。

《城南旧事》

《城南旧事》不是通常意义上的故事片，而是一部散文结构的诗化电影。它以主人公小英子的视角来观察世界，记录她的所见所闻与心理活动。影片

《城南旧事》海报

没有一个贯穿首尾的故事，因此，它的核心不是情节，而是情绪。小英子交了一个又一个朋友，又一个个离去，离别构成了影片的情绪基调与叙事支点。

为了塑造一个七八岁的儿童形象，影片大约 2/3 的镜头都是英子的主观镜头，凡是英子看不见的就不拍。如英子听秀贞讲她与思康初次相见的一段，全是空镜。画面上只有小院的房子、窗户，只有秀贞讲话的声音，没有音乐和音响。因为英子没见过思康，她无法想象这样的相见。秀贞的爱情回忆、爸爸生病、宋妈和丈夫的相对沉默等活动都发生在英子的视线之内。英子和小偷告别、宋妈流泪两个长镜头也都是英子的主观镜头。正是由于主观镜头的运用，观众对英子的世界和现实世界的对比就更为明确了，更意识到英子世界的美丽与清纯和现实世界的荒谬与丑恶。

基本小知识

故事片

就像小说是用文字进行叙事的文学作品，故事片则是运用影像和声音为手段进行叙事的电影作品。凡是由演员扮演角色，具有一定故事情节，表达一定主题思想的影片都可称为故事片。故事片按题材、风格、样式等因素可分为警匪片、喜剧片、动作片、惊险片、科幻片、歌舞片、哲理片等等，另外有些故事片片种属某些国家、地区特有，如美国的西部片。世界第一部故事片《月球旅行书》。中国第一部故事片是《难夫难妻》。

从结构上，围绕小英子的活动，影片可以分为上下两部分。上半部以秀贞和妞儿为中心，叙述她们的悲惨身世与痛苦生活。善良的小英子好心带着妞儿认秀贞为妈，满以为找到了小桂子，结果二人死于非命。下半部以小偷和宋妈的故事为中心，描述了他们不同的不幸遭遇：小偷不想偷，却没有法子；宋妈对英子和弟弟爱如亲生孩子，却只能把自己的孩子置之于不顾。幼小的英子不懂人世冷暖，善良而稚气地向宋妈发问：为什么你挣的钱要给别人拿去，为什么丫头子自己不带，却来我们家做老妈子。她还问爸爸小偷为什么要偷东西，问妈妈她是不是亲生的。英子太小了，她无法理解人世间这些不合理的社会现象。英子的天真、善良与社会的复杂、丑恶形成了鲜明对比。

影片多处运用了重复蒙太奇的艺术手法，把易于散乱的细节串起来，成为一个有机整体。上篇重复井窝子的镜头，冬、春、夏、秋，季节沿着时间之河顺流而下。拉洋片的还在放《洋人大笑》，送水人依旧送水，人们在细碎的日子里生活，英子也在时光的流转中长大；下篇重复学校放学的镜头，春夏秋冬。这种重复镜头机位不变，景别不变，暗示着生活的庸俗与平凡。人们正是在这种琐碎的生活中获得了人生意义。

如果说井窝子和学校放学两个细节的重复意在叙事，那么片中音乐的重复则不仅为了影片结构的完整，更是情感渲染的一种重要手段。影片选用20世纪20年代流行的《骊歌》作为主题音乐，既符合当时的历史真实，又扣紧了影片的情绪核心——离别。“长亭外，古道边，芳草碧连天。晚风拂柳笛声残，夕阳山外山。天之涯，地之角，知交半零落。一壶浊酒尽余欢，今宵别梦寒。”歌中抒发的离别之情，同影片整体情绪融为一体。

知识小链接

台湾

台湾是中国神圣领土不可分割的一部分。历史上，台湾曾被西班牙、荷兰、日本先后占领过。抗日战争胜利后，台湾重归中国的版图。1949年后，由于众所周知的原因，台湾与祖国大陆处于分离的状态。50多年来，台湾的政治、经济、文化、社会等发生了巨大变化。台湾岛是中国的第一大岛，位于祖国东南沿海的大陆架上。台湾扼西太平洋航道的中心，是中国与太平洋地区各国海上联系的重要交通枢纽。

影片在片头、片中、片尾、字幕7次使用了这段音乐，分别以不同乐器、不同方式演奏，回环往复，意蕴悠长。如小偷被抓后，音乐响起，从钢琴键盘上手的特写开始，拉出老师弹奏的全景，接着摇到学生唱歌的中景，再推向英子的特写，学生都在唱歌，她却闭着嘴，眼睛饱含忧郁的神情；在影片结尾部分，英子去医院看望病中的爸爸，紧接着便是爸爸逝去。下一个镜头一开始音乐就起，但画面上没有直接表现爸爸的死，而是充满画面的红叶，绚丽、浓郁，让人流泪。观众的情绪突然就被拉起，升高，随即镜头转向台湾墓地，爸爸的墓，墓前站立的英子一家，音乐渐弱。当宋妈的毛驴渐渐湮没在烟雾蒙蒙的秋林之中，音乐又强，英子从马车的座位上向后望着，忧郁、哀戚，马车越来越远，也隐没在绚丽的秋叶中。画面与音乐水乳交融，没有一句台词，却情绪饱满，淋漓尽致。

影片的色彩运用也极为讲究。《城南旧事》是作者的童年回忆，是旧时代的故事，因此，影片以黑、青灰冷色为基调，又点缀中红、白等亮色，造成淳朴、温馨而又感伤的情调。人物的衣着是黑的，墙是青灰，雪是白的，英子的衣服是冷色中的一丝温暖，如橘红的帽子，还有小油鸡、红叶等。给人的整体效果则是旧，旧是底色，宛如一张发黄的、无法重拍的旧相片，而离别是画图，一笔一笔描上去，怀旧、伤感而又美丽。这不仅是作者自己的童年，更是每一个人埋藏在记忆深处的心灵的童年。

《红色娘子军》

该片是我国著名导演谢晋的代表作之一。

趣味点击

海南岛

海南岛为中国一个省级行政区——海南省的主岛。海南省简称琼，位于中国最南端。北以琼州海峡与广东划界，西临北部湾与越南社会主义共和国相对，东北濒南海与台湾省相望，东南和南边在南海中与菲律宾、文莱和马来西亚为邻。

《红色娘子军》表现了海南女奴琼花成长为红军指挥员的传奇故事。20 世纪 30 年代的海南岛椰林寨地主南霸天的丫头吴琼花，巧遇装扮成华侨巨商的红色娘子军党代表洪常青，并得救参加了娘子军。吴琼花对南霸天怀有深仇大恨，在执行任务中违反侦察纪律向仇人南霸天开了枪，在洪常青耐心的启发和教育下，琼花从错误的行为中迅速成长起来，洪常青英勇就义后，琼花继任党代表，

《红色娘子军》海报

带领红色娘子军消灭了南霸天的反动势力。影片通过吴琼花的成长过程，揭示了中国妇女只有在中国共产党的领导下，才能获得彻底解放的主题思想。导演以缜密的构思和娴熟的蒙太奇技巧将场景繁多、矛盾冲突复杂的影片有机地组织在一起。影片还成功地使用了当时并不多用的变焦距镜头，以渲染人物起伏激荡的感情和影片跌宕曲折的情节。充满传奇色彩的《红色娘子军》，环境、服装、道具也别具鲜明的南国特色。

拓展阅读

红色娘子军

《红色娘子军》的故事曾先后以电影、芭蕾舞剧、现代京剧、交响组曲、电视连续剧等多种文艺形式表现。《红色娘子军》故事取材于第二次国内革命战争时期海南岛琼崖纵队娘子军的事迹，展现了那个特殊历史年代一群女性为争取解放而流血牺牲的动人故事。

祝希娟的出色表演充满人物个性化的魅力，给人们留下了深刻的印象。影片的主题歌《娘子军连歌》雄伟刚毅，广为流传。影片在 1962 年首届电影百花奖中获得最佳故事片、最佳导演、最佳女演员和最佳男配角奖，并在 1964 年印度尼西亚第三届亚非电影节上获万隆奖第三名。

《一个和八个》

张军钊 1952 年出生于河南长乐。1978 年考入北京电影学院导演系，1982 年毕业分配到广西电影制片厂任导演。1983 年他导演了第一部影片《一个和八个》。

影片故事发生在抗战时期的冀中平原。八路军指导员王金被人诬陷为奸细，蒙冤与土匪大秃子等八名罪犯关在一起。在恶劣的环境下，他仍以民族解放事业为重，以自己的广阔胸襟和革命思想感化、教育着同狱的土匪和逃兵，使他们在被鬼子包围的严峻时刻，英勇杀敌以赎回罪过，王金也重新获得了党和人民的信任。影片一改以往战争片的明亮色彩，第一次运用黑白灰三色创造出雕塑般的画面力度感，用不完整的构图揭示出身躯和精神所遭受的扭曲、人物关系的复杂和特定的战争氛围。影片在电影语言的运用上打破了传统的范式，表现出视觉造型的历史个性，在中国电影史上有其特殊的意义。摄影风格也常用大反差的光线和黑白对比的版画式处理与影片主题内容相呼应。这部影片是第五代导演探索电影的开山之作，此后精彩的作品相继呈现。

拓展思考

八路军

国民革命军第八路军，简称为八路军，中国人民解放军的前身之一。1937年8月22日，国民政府军事委员会正式宣布由原西北主力红军，即中国工农红军一、二、四方面军改编而成。

《秋菊打官司》

该片是导演张艺谋成名作之一。

《秋菊打官司》海报

影片《秋菊打官司》以强烈的纪实风格展现一段真切感人的故事，获得了第49届威尼斯国际电影节金狮奖和最佳女演员奖。影片改编自陈源斌的小说《万家诉讼》，讲述了老实的村民庆来，为承包一事与村长王善堂发生了争执，被村长踢伤。村长认为是按文件精神办事，不承认打人有错。庆来妻秋菊咽不下这口气，为了讨个说法，带着6个月的身孕，寻上级告状。而村长坚持不认错，最后秋菊上诉到市中级法院。除夕夜，秋菊难产，村长不计前嫌，组织人将秋菊送往医院。秋菊生下一个男孩，全家对村长感激万分，当孩子满月时，市中级法院判决下来了，村长因伤害罪被判拘留，秋菊想去为村长说几句好话，可警车却消失在山野之间。影片既有故事性的虚构，又有模拟生活真实的纪实性形态。影片中大量的偷拍、同期录音、地方方言，增强了作品的真实感。影片善于利用幽默手法，大俗又大雅，准确把握了民风、民俗，使原本严肃的题材充满情趣。演员求真不求美，人物的塑造惟妙惟肖。影片还获得了1992年广播电影电视部的特别荣誉奖，第13届中国电影金鸡奖最佳故事片奖、最佳女主角奖，第16届百花奖最佳故事片奖、最佳女演员奖，第49届威尼斯国际电影节金狮奖，优尔比杯最佳女演员奖，意大利《查克》杂志电影评奖最佳影片奖、最佳女演员奖，意大利《电影文化》杂志电影评奖青年与电影最佳影片奖，温哥华国际电影观摩展最受欢迎影片奖等多种奖项。

知识小链接

金鸡奖

国电影金鸡奖是由中国电影家协会于1981年创办的，是中国电影界专业性评选的最高奖。目前已举办了27届，金鸡奖奖品为铜制镀金的金鸡。它以奖励优秀影片和表彰成绩卓著的电影工作者为宗旨，对促进中国电影产业的发展具有重要意义。